위대한 보험인 _____ 님께

Ship 을 선물합니다

_____ 드림

The Ship

The Ship

초판 1쇄 | 2010년 8월 15일
　　2쇄 | 2010년 10월 1일
지은이 | 김 송 기
e-mail | kimsg0607@hanmail.net
펴낸이 | 김 송 기
펴낸곳 | SM성공문화연구소
등록번호 | 제 303-2005-000005호
등록일자 | 2005년 2월 1일
주소 | 서울 성동구 하왕십리동 1061 행당역 풍림아이원 112-1201
대표전화 | 02) 6451-0411   FAX 02) 6451-0412
Copyright 김송기, 2010
ISBN 978-89-94611-00-6 03040

※ 이 책은 저작권법에 의해 보호받고 있습니다.
　　작가의 서면에 의한 허락 없이 무단복제, 내용 일부 인용, 발췌를 금합니다.

독자와의 Communication Space
Daum Cafe에서 아버지가 선물한 아침 을 치세요

「이 도서의 국립중앙도서관 출판시도서목록(CIP)은 e-CIP 홈페이지
(http://www.nl.go.kr/ecip)에서 이용하실 수 있습니다.(CIP제어번호: CIP2010003185)」

성공문화연구소

이 책은
보험의 근본적인 마음이 모인
세계로 연결하는
Bridge!

| Prologue |

위대한 정신을 가지면, 위대한 직업人이 되고
숭고한 정신을 가지면, 숭고한 직업人이 됩니다
그 정신이 나가면 정신 나간 사람, 얼이 빠지면 얼 빠진 사람,
그 넋이 나가면 넋 나간 사람, 심장이 안 뛰면 시체가 됩니다
그 Ship이 없는 보험人은 단순한 세일즈맨으로 전락합니다

봄이 오면 꽃이 피는 것이 아닙니다
꽃이 핀 그곳에 봄이 온 것이고, 마음 안에 꽃을 피우면,
그 마음 안에 봄이 온 것이며, 밖에 있던 꽃을 마음으로 가져오면
찰라순간를 영원으로 만드는 것입니다. 아무리 환한 대낮이라도
눈을 떠야 대낮이지, 감으면 칠흑같은 어두운 밤입니다
눈을 감고 있으면 무섭고 막막한 인생길이지만
눈을 뜨면 앞길이 창창한 신작로新作路가 보입니다
보험일도 마찬가지, Ship에 눈을 떠야 합니다
Ship은 보험의 꽃이고, 이 꽃을 보험人의 마음 안에 피우면
보험일에 봄이 와 버립니다
방 안에 있으면 촛불을 켜야 하지만 방 안을 나오면 눈부신 햇살을
만끽할 수 있습니다. 보험人은 과감하게 '세일즈' 라는 어두운
동굴에서 나와 이제 촛불을 끄고 태양 빛Light을 즐겨야 합니다

보험人의 뿌리가 보험가치라는 땅에 닿아야 꽃이 피고
잎이 돋고 열매가 열립니다. 진품이 뜨면 짝퉁은 숨겨야 합니다
진품 하나만 잡으면 짝퉁 수천 개는 던져 버려도 됩니다
자세부터 제대로 잡고 휘둘러야 홈런이 됩니다
소아小我를 버리고 대아大我가 되어야 어른이 됩니다
보험의 가치는 태양입니다. 태양이 뜨면 촛불인 Ship 자료,
세일즈 스킬, 암기된 화법은 다 던져도 합니다
음식은 무겁게 들고 있을 필요가 없습니다. 그저 음미하며 맛있게
먹기만 하면 손이 가벼워지듯 보험을 품어 내 것이 되면 됩니다

Ship은 보험人의 존재감이요, 씨DNA입니다
Ship이 없는 자는 독학하는 학생이요
Ship 없이 출발한 보험일은 가이드 없는 배낭여행이어서
무척이나 두렵고 힘든 일이 되어 버립니다

그 씨존재감는 한없이 보험일을 주도해 나갈 힘입니다
그 씨는 보험人의 정신이요 정신에서 힘이 나오는 것입니다
정신력이란 정신이 주는 에너지이듯 보험人에게는 씨가 힘입니다
그 씨존재감를 가진 순간 가슴속에서 기쁨이 터져 나오고
아이가 어른이 됩니다. 어른이 되면 힘이 생기고 자유롭습니다
보험人도 어른이 되어야 합니다. 어린 아이는 아무것도 할 수
없습니다. 성숙하면 힘이 생기고 돈도 벌고 결혼도 할 수 있습니다
알면 성숙하고, 깨달으면 어른이 됩니다

보험일은 원리상 보험人이 되어야 가장 잘 할 수 있습니다
보험人은 내가 보험이고, 보험이 내가 되어야 폭발력을 가집니다
세일즈를 잘하려면 세일즈맨이 되세요. 보험의 가치가 세일즈를
해야 할 만큼 허접한 것이라면 세일즈를 하세요. 하지만...
보험이 가치가 있다면 세일즈하면 안 됩니다. 가치가 왜곡됩니다
세일즈맨은 세일즈정신을 가진 사람이고, 보험人은 보험정신을
가진 사람입니다. 세일즈를 잘하려면 세일즈정신으로 무장하세요
하지만 보험일을 잘하려면 보험정신으로 충만해야 합니다
세일즈는 많이 팔아야 하고 돈을 벌고 성공해야 존재감을 느끼지만
보험人은 보험가치가 실현되면 존재감을 느끼고
'아! 내가 보험人이구나' 란 느낌을 가질 때 행복합니다

옷에 향수를 뿌려도 시간이 지나면 날아가 버립니다
하루종일 내 몸에 향기가 나도록 하려면 가지고 다녀야 합니다
가지도 다니는 것도 귀찮다면 어떻게 해야 할까요? 향수가 되세요
바나나맛 우유가 아닌 바나나가 되세요
나가 나답고, 보험人이 보험人다울 때 힘이 나옵니다
그 나가 보험人이 아닐 때 문제가 생깁니다
보험, 그 자체가 되어버린 보험人은 자연스럽게 보험향기가 나고
아름답지만, 보험을 세일즈하면 보험과 세일즈가 결합된
정체불명의 '보험냄새' 가 납니다. 사실상 '세일즈냄새' 입니다
이 가치있고 향기 나는 보험정신을 실현하기 위해
보험人은 눕지 말고, 앉지 말고, 서야 합니다

마음과 정신이 커져야 어른이지 몸만 커지면 장애인입니다
친구에게 얻어터지고 왕따 당하고 심부름만 합니다
기차는 기차궤도를, 차는 도로 위에 얹혀져야 하듯
Ship은 자기의 입장, 자기의 근거, 디딜 언덕입니다
Ship은 감정을 넘어 철학과 자기정체성, 심각하게 느끼는 문제의식,
보험의 가치를 느끼는 정도程度입니다

사람을 움직이게 하는 것은 마음과 정신입니다.
한민족이 잦은 외침 속에서도 무궁화 민족이 된 이유 또한
깊이 뿌리 박힌 민족의 얼이 있었기 때문입니다
Ship은 보험人의 얼이고 넋이며 뼈대입니다
이 뼈대가 부실하면 정신적 골다공증, 디스크, 골절이 되어
보험人으로 제대로 설 수 없고 슬럼프에 빠집니다
Ship이 없어 슬럼프에 빠지고, Ship이 있어 빠져 나오는 것입니다
보험은 돈의 경부고속도로를 뚫는 일입니다
보험의 성장은 대한민국의 성장이고, 보험이 성장한 원인은
보험人의 성숙이며, 보험人의 성숙은 Ship이 성장한 결과입니다
Ship이 서면 대한민국이 섭니다

'The Ship'에서 말하려는 것은
한국人의 심성心性으로 읽어 낸 보험가치와 보험人의 철학입니다
우리는 과거 높은 철학과 이상을 지닌 조상들의 후예입니다
드높은 보험철학과 고상한 보험문화를 꽃피우는 것은 당연합니다

한국적 보험 Ship은 없던 것을 만들어 내야 하는 것이 아닙니다
이미 가지고 있던 우리의 의식과 인성 안에 잠재된 뿌리,
한국적인 사랑, 철학, 가치를 끄집어내면 됩니다
보험일이야말로 대한민국이 세계를 주도할 수 있는 일입니다
월드컵 거리응원을 보면서 누가 새벽 3시에 거리로 나오라고
하지 않았지만 몇천 명이 모였습니다
그 시각 미국 LA광장에서도 수천 명이 모여 응원을 했습니다
이것이 대한민국의 힘이고 얼입니다
이제 대한민국 보험人의 얼을 정립하고 세워야 할 때입니다
전기電氣도 자격증이 있는 사람이 다뤄야 하고,
보험도 자격 있는 보험人이 다뤄야 합니다
최저기준을 통과한 등록시험이 아닌 철학 있는 보험人 말입니다
한국 유학생들이 밤잠을 설쳐 가며 공부하여 국위를 선양하듯
보험人이 보.험.人.이 되는 것은 국가에 이바지하는 길입니다

이 책이 아무쪼록
보험人의 존재가치와 철학을 정립하는 계기가 되고, 보험人이
선한 이웃의 역할을 다할 수 있도록 초석礎石이 되길 기원합니다

김 송 기

Contents

05 Prologue

13 Chapter1. 보험인의 탄생

나는 누구인가? 15 / Change 20 / 출생신고 21 / 젖 먹던 힘 24 / 노래를 불러라 26
보험의 유일성 28 / 선장과 선원 31 / 돈 32 / 만남 33 / 세일즈와 기쁜 소식 35
어느 세일즈맨의 고백 36 / 세일즈, 그 이후 38 / 관계설정 1 40 / 관계설정 2 42
친구가 되면 43 / 보험이이 되자 47 / 1촌의 전제조건 48 / 보험인의 고객이란? 49
보험인은 군인 50 / 국회에서 생긴 일 52 / 국회의원 후원회 53 / 직업의 탄생 56
시급한 컨셉정리 58 / 보험인이 된 이유 60 / 도끼부터 바꿔라 61
보험인인가, 금융인인가? 62 / 당신의 소속 65 / 보험으로 바꿔라 66
지인의 자세부터 바꿔라 67 / 저자가 누구인가? 68 / 잘못을 고백합니다 70

73 Chapter2. 그분이 오셨어요

그분이 오셨어요 75 / 그분이 말하게 하라 77 / 차별화가 아닌 구별화 78
보험은 거룩한 사업 80 / 가장 실질적인 문제 84 / 인생이란? 85 / 차원이 달라요 88
보험 묘아~ 91 / 보험을 뒷바라지하라 92 / 같은 공간, 다른 사람 94
허무와 존재의 차이 95 / 3차원에 4차원을 선물하다 99 / 연습문제 100
보험인은 국민가수 101 / 보험인의 관점 104 / 국가적인 문제 105
국가를 대신하는 일 107 / 보험인의 역할론 109 / 돈의 습성 111 / 소득의 막대기 113
수준 높은 가장 116 / 가장의 수입을 보장하라 119 / 보험인, 그 존재의 이유 123
보험은 경부고속도로 127 / 보험인의 사회적 기여 130 / 보험인은 성직자 134
새로운 보험일의 정의 135

137 Chapter3. 마음으로 다가가기

아무나 만나지 마라 139 / 실체로 만나라 140 / 마음의 메아리 142
국민을 철들게 하라 143 / 유한성의 역설 147 / 자아를 넘어… 149 / 옥토밭을 만들라 151
보험인의 마음을 받아라 155 / 마음 받았어요~ 157 / 마음 쓰기 159 / 마음의 학위 162
한국인의 마음구조 163 / 한국인의 의식구조 165 / 가족의 의미 167
보험인이 가족이 된다면 168 / 한국인의 촌수 169 / 엄마의 마음 171 / 잘못된 시도 173
자기愛와 미래의 先取 175

177 Chapter4. 보험의 文化

가장 비싼 보험 179 / 가장 저렴한 보험 183 / 숨어 있는 가격차이 186
첫회 보험료의 의미 188 / 드러난 선택의 결과 190 / 이런 대화 191
과도한 보험료의 기준 192 / 보험인이 만들어야 하는 것 194 / 외계인의 방문 195
4명의 설계포인트 197 / 긍정을 선택하라 199 / 졸업여행의 성공 201 / 보험인 다움 202
결핍욕구의 한계 203 / 난 수수료만을 위해 일하나? 205 / 오늘의 철학 206
가입설계서 철학 208 / 보험인 철학 209 / 가치가 있는 정보 211 / 촛불집회 212
불리한 전황을 보도하라 213

215 Chapter5. 나의 쉼, 나의 삶

시상식에서 217 / 자랑 마라 218 / 당신이 한 일이 아니야 219 / 쉼, 어디 갔지? 220
쉼, 넌 누구야 222 / 물의 꿈 226 / 물 만난 고기 229 / 마음 EXPO 232 / 빗나간 환상 233
쉼에 충만하다는 것은 235 / 쉼, 지적인 사랑 238 / 쉼, 생명력의 이유 240
왜 탈락했는가? 243 / 몸-맘 주일치 247 / 쉼, 보험인의 관점 254
보험人, 대한민국의 꽃 258 / 개 263

264 Epilogue

Chapter 1
보험人의 탄생

당신이 체험하고 있는 보험人의 삶보다
훨씬 나은 삶이 있다는 사실을 생각해 본 적이 있는가?
지금부터 말하는 것은 바로 보험人의 라이프스타일이다

나는 누구인가?

'나는 누구인가' 란 물음은 정말 중요하다

나의 꿈, 나의 소망, 나의 욕구, 나 자체라는 것이 있기에
나와 너가 만나 결혼하고 만날 수 있는 것이다
나가 없으면 너만 있다. 아무런 관계도 형성되지 않는다
나가 생긴 순간부터 어른이고 철이 든 것이다
나가 있느냐 없느냐에 따라 나이 어린 어른, 나이 먹은 아이가 된다
나란 정체성을 말하고, 이 자아정체성이 존재감을 준다
이 자아정체성이란 타인의 의도와 가치관에 의해 휘둘리지 않고
자신의 눈(觀)을 통해 세상을 보며 비록 가출도 하고 골통을 부리더라도
자신만의 인생을 살아가는 변하지 않는 존재의 본질이다
그 나가 생긴 날이 인생의 독립기념일이요 진정한 성인식이다
자아정체성은 내가 '있다', 나는 '~이다' 라고 느끼는 존재감이다

이 존재감으로 남성이 여성을 느낀다
이 존재감으로 남의 존재를 느끼며 관계를 형성한다
이 존재감은 집터, 우리의 삶의 시간은 집이다
집보다 집터가 비싸고, 집터는 위치가 중요하다
물고기는 바다가, 보험人은 보험가치가 집터다

이 존재감을 가진 자는 마치 물에 뜬 사람과 같다
이제 시간의 바다를 헤엄치면 되는 것
이 존재감을 성리학에서는 기氣라고 한다
氣를 넣고, 氣 빼지 말고, 氣 죽지 말고, 氣를 살려야 하는 것
이 존재감을 느끼면 도道와 통通 On하여 어른이 된다
이 존재감을 느낀 직업人은 도통道通하게 되는 것

나가 있는 사람은 원하는 바를 자신에게 줄 수 있다
선물을 원하면 자신에게 직접 선물한다. 남에게 바라지 않는다
돈이 필요하면 돈을 만들어 자신에게 준다. 남에게 바라지 않는다
실체가 살아 있는 인간으로 우뚝 서야 보험人으로도 설 수 있다

나가 없는 사람은 자신의 인생을 한 번도 살아 본 적이 없다
자신이 원하던 삶을 스스로 결정하고 선택하지 못한 결과
자신의 꿈과 내면의 욕구를 채워 본 적도 없이
끊임없이 타인에게 뭔가를 바라고 원망과 불평을 한다
실체가 없는데 뭘 기대하겠는가?

나가 없는 재무설계사는 타인의 시각으로 세상을 본다
타인의 시각과 평가에 과민반응을 하고, 좌우된다
눈치를 보고 종이 되어 다른 사람의 인생을 산다
체결되면 행복하고 체결이 안 되면 불행하다
이슈와 시상에 민감하고 10년을 다녀도 일의 기준은 없다

유독 실적테이프에 스트레스를 받고, 매달린다
그가 작성한 노트는 계획이 아닌 결과만을 기록한다
머리 없이 몸만 있어 타인의 머리가 조종하는 흔들리는 갈대다
주관이 뚜렷한 지인을 만나면... 영락없이 당하고 만다
주관이 뚜렷한 동료를 만나면... 한패가 된다
보험일은 가치관의 접근이고 공감共感과 동정同情이다
정체성 없는 이를 여러 사람이 지도하면 어떻게 될까?
뼈대가 없는 상태에서 여러 가치관이 상호 간섭하여 혼란스럽다
매니저가 두렵고 마감이 두렵다. 방황한다
흔히 아이에게 친구를 잘 만나야 한다라고 하지만
보험人은 좋은 친구를 골라야 할 사람이 아니라
지인이 만나야 할 바로 그 좋은 친구다
그 친구가, 자아가 없는 무뇌無腦, 고민없는 무뇌無惱라면 어떨까?
아무도 만나 주지 않을 것이다. 실체가 없는데...
나가 없기에 시체와 같이 몸만 다니므로 사람을 만나도 도무지
관계가 형성되지 않거나 왜곡되어 결과적으로 헛수고를 하게 된다
돈이 붙지 않고 영원한 저능률로 남아 시장에서 정리해고된다
자! 이제 다음 질문을 스스로에게 던지고
지인과의 만남에서 보험일을 시작한 동기를 말할 수 있도록
노트에 기록해보자. 이 시간이 반드시 필요하다

나는 누구인가?
나의 가족은 누구인가?

나의 고객은 누구인가?
보험일은 어떤 일인가?
이 일은 내게 어떤 의미를 지니고 있는가?
보험가입이 고객에게 어떤 의미가 있는가?
보험인이 성공한다는 것은 사회적으로 어떤 의미인가?
왜 하필이면 보험을 선택했는가?
왜 하필이면 이 회사인가?
왜 지금 해야 하고, 왜 제대로 해야 하는가?

우리의 무의식은 존재의 이유를 묻는다
존재의 이유가 사라진 사람의 무의식은 자신을 죽이고,
존재의 이유가 없어진 직업인은 직업적으로 죽는 것이다
자신이 사는 이유와 일을 하는 이유를 명확히 알아야 한다
존재감을 가진 보험인은 일에 폭발력을 지닌다
그런 존재감을 가장 많이 가진 돈이 바로 보험금이다
보험료가 주는 수수료와 존재감과는 도저히 비교할 수 없고
보험금이 커질수록 존재감도 커진다
존재감이 커지면 더 열심히 일하고 밤을 새며 연구한다
보험금을 위해 투자한 소액의 보험료는 가치투자가 된다
뭔가 해줬다는 그 느낌을 고객과 자신이 공유하기 때문이다

자식이 있다는 사실이 부모의 존재이유인가?
학생이 있다는 사실이 선생님의 존재이유인가?

고객이 있다는 사실이 보험人의 존재이유인가?

그렇지 않다! 부모는 자녀를 보호할 수 있을 때,
선생은 학생을 가르칠 수 있을 때 존재감을 느끼는 것이다
보험人인 당신이 무엇을 해 줄 수 있는 것인가?
가장 큰 존재감은 가장의 수입능력이다. 평소에는 모른다
하지만 문제가 생기면 가장 문제되는 것이 존재감의 상실이다
평수가 큰 새 아파트로 이사를 간다고 치자
붙박이장이 기존 장롱의 존재이유를 없앤다
평수가 작아지면 기존 가구들은 폐기 처분될 것이다
돈이 없으면 지갑은 존재가치를 상실하는 것과 마찬가지로
존재감이 무너지면 다 무너진다. 그 존재감이 무너지지 않도록...
가장의 존재감을 지켜 주고 있다는 사명감!
이것이 바로 보험人의 가장 큰 존재감이라는 것

Change

나는 업적을 잘해야 해, 그렇지 않으면 가난해질 거야 _ 세일즈맨

나는 훌륭한 보험人이 될 거야
훌륭한 보험人이 된다면 보험일도 훌륭하게 수행하게 되겠지
그 목표를 위해 공부를 하고 싶어 _ 보험人

해야 한다? .... 하고 싶다!
내가 피하고 싶은 것? .... 내가 얻고 싶은 것!
성과를 내는 것? .... 나은 사람이 되는 것! _ 목표설정

이 중 누가 정체성이 있는가?
어떤 생각이 보험人다운 것인가?

출생신고 出生申告

열려 있는 지갑 속에서 나의 주민등록증이 보인다
살짝 꺼내 손에 쥐었다. 이름 옆 낯설지 않은 숫자의 나열을 본다

770225-1××××××

맨 처음 적힌 이 6자리 숫자의 조합은 무슨 의미일까?
생일과 동일할 수도, 다를 수도 있다
동사무소에 내가 태어났다고 신고된 바로 이날!

단순한 '생일' 만을 의미하는가?
축복받은 '위대한 탄생' 이었나?
어느 장소에서 태어났지?... 병원분만실, 집, 여행 도중

이날이 오기 10개월 전, 이미 나의 존재가 시작되었고
일정기간이 지나서야 입덧과 초음파를 통해 겨우 확인되었겠지,
엄청난 해산의 고통 끝에 태어났을 것이다
다리부터 나왔으면 제왕절개를 했을 텐데...
아버지는 먼저 손가락 10개, 발가락 10개부터 확인했겠지
그리고, 안도의 한숨을 쉬고 있었는지 모른다

축하전화를 하고, 받고, 미역국을 끓이고…
나의 탄생은 부모와 친척들에게 기쁜 소식이었을 것이다
나의 첫 이름은 단순히 '아기' 였다
얼마 안 있어 이름이 붙여졌고 아버지는 출생신고를 한다
나의 정체성이 시작된 바로 이날, 이날의 의미는…

생명이 끝나는 날까지 누군가를 사랑할 수 있는 기회
새로운 것을 배우고 깨달을 기회
언젠가 만날 내 배우자를 위해 외계로부터 지구로 온 날
이 세상에 태어날 가치가 있다고 하늘이 인정한 날

그날로부터 난 지금 ___ 세가 되었다

지금까지의 내 인생은 축제였을까, 숙제였을까?
지금까지 가장 행복한 순간은 언제였는가?
지금까지 가장 불행했다고 느꼈던 순간은 언제였는가?
지금까지 행복했던 이유는, 불행했던 이유는 무엇이었는가?
지금 난 현재의 삶을 어떻게 느끼고 있지?
앞으로의 삶은 어떻게 될까?

이윽고 난 결심한다
'내 인생은 숙제가 아니야, 축제야! 축제로 만들어야 해!'
'그렇다면 난 어떻게 살아야 할까? 난 왜 보험인이 되었지?'

식사 중 한쪽에서 노래소리가 들려 온다

생일 축~하~합니다. 생일 축~하~합니다

자~알 들어보면...

왜 태~어~났니~ 왜 태~어~났니

위대한 대낮이란?
이제부터 저녁으로 향하는 인간의 길을
자기의 최고의 희망으로 축하할 때다
이 길이 최고의 희망이 될 수 있는 것은
새로운 아침을 향한 길이기 때문이다
  _ 짜라투스트라 제1편의 마지막 글 중

젖 먹던 힘

나의 존재가치는 태어나자 곧 드러났다
지난날 사진 속에 비춰진 내 아버지의 표정에서
난 오랜 기간 각오해온 듯한 책임감을 발견했다
아버지의 그 표정은 마치 '자기가 마땅히 갚아야 할 부채'를
갚으려는 듯한 결심이 묻어 나온다

난 배가 고프면 마구 울어 대었고 아무 대가도 지불하지 않았지만
아주 당당하게도 어머니의 젖을 물기 전에는 결코 그치지 않았다
난 어머니의 영양분을 강탈하는 도적 같았다
어머니는 가슴을 활짝 열고 젖을 물려주셨다
마침 젖이 불어 딱딱해지는 '젖 오십견' 증상의 명의를 찾은 듯
너~무도 시원하고 아~주 만족스런 표정으로 날 바라보면서…

난 배고픔을 해결하고자 힘껏 '젖 먹는 힘'을 다한다
난 젖을 빼앗은 자요, 어머니는 젖을 빼앗긴 자이다
단순하게 보면 난 어머니에게 있어 '무찌르자 공산당' 이요
어머니의 젖가슴은 외적에게 빼앗긴 영토요 식량이요
우리 서로는 원수요, 모순임이 분명했다. 그럼에도 불구하고
실제로는 기쁨이고 하나가 되는 과정이다

날 위한 것이 그분을 위한 것, 그분을 위한 것이 날 위한 것
이것이 바로 '사랑'인 것이고 사랑의 관계인 것이다
흔히 날 위하면 남에게, 남을 위하면 내게 손해가 된다
나를 위하는 것과 남을 위하는 것은 언제나 모순이다
하지만 내가 하는 이 일은 어떤가?
젖 먹던 힘을 다한 나의 이기심이 역설적으로 남을 위하고,
사회와 국가를 위한 일이 된다? 그제 서야 난 깨닫는다
나의 정의는 바로 '사랑'이라는 것을

시간이 가면서 내 몸과 인격은 성숙해져 갔다
초등학교 시절 단순한 친구가 서로의 신체가 성숙하자
여자(남자)로 보이기 시작했다
이질적인 남자와 여자의 만남이 결혼이 되고
생면부지生面不知인 나와 남이 고객이 되고 친구가 된다
그렇다! 성숙이다. 난 끊임없이 더 성숙해야 한다
이것이 위대한 철학자 플라톤이 말했던
이데아적 인간, 이데아적 직업, 바로 보험인인 것이다.

노래를 불러라

가수 김광석이 부른 '서른 즈음에' 가사 일부분을 보자

점점 더 멀어져 간다. 머물러 있는 청춘인줄 알았는데
내가 떠나 보낸 것도 아닌데, 내가 떠나 온 것도 아닌데
또 하루 멀어져 간다. 매일 이별하며 살고 있구나

그렇다! 인생은 생生 이후 매일 이별하고 살고 있는 것이다
주민등록증에 기록된 '생년월일'을 계속 떠나 오고 있는 것
세상의 노래를 들어보면 온통 슬픈 노래뿐이다
이별의 노래, 고독의 노래, 탄식의 노래, 애도의 노래...
생生은 축복의 노래지만 나머지 노老, 병病, 사死는 슬픈 노래다
그날 이후 늙고 병들고 죽는 것은 슬픈 소식이다
단 한 번의 축복의 노래를 부른 후 계속 슬픔의 노래를 부른다
이 슬픈 노래는 부르면 부를수록 더 슬퍼진다
기쁜 노래를 부르고 싶다. 그 노래는 어디에 있는가

자! 이제 선택하자
보험이 기쁜 소식Good News인가, 아닌가?
기쁜 소식이라면 전해야 한다. 소리 높여 외쳐야 한다

외치는 것만으로는 부족하다. 노래를 불러야 한다
보험이 기쁨이 담긴 곡이라면 나는 이 노래를 부르는 가수다
가수는 돈 벌기 위해 가수가 된 것이 아니다
노래를 부르고 싶어 가수가 되었다
'진짜' 가수의 노래는 노동이 아니다. 즐기는 축제다
부르고 싶은 노래를 부른 것인데 돈까지 받아 좋은 것이다
사실 돈을 안 주어도 어차피 계속 부를 것이다
그런 가수는 흥이 난다. 열정적인 이유는 즐기고 있기 때문이다
보는 사람도 즐겁고 신이 난다
보험人도 나가면 행복하다. 엄살떨지 마라
보험일을 해 온 10년 동안 고생한 것이 아니다
10년간 일할 수 있었던 것은 돈 때문만이 아니었다
슬픈 노래, 절망의 노래를 부르는 사람들에게 희망의 노래를
알려 주고 함께 불렀지 않았나
가수가 공짜 노래방에 가서 실컷 즐기고서도,
지난 달 수고했다고 돈까지 받아놓고서,
이달 고생했다고 전 세계를 여행해놓고...

혹시 아직 그 노래를 모르는 신인新人이었나?
모르면 괴롭지... 배우면 되지... 제대로 배우면 되지...

보험의 유일성 唯一性

성경에 보면, '나는 길이요, 진리요, 생명이니'
I am The Way, The Truth, The Life
이 중에서 'The' 라는 정관사가 중요하다. 바로 이 길밖에 없다,
다른 길은 없다는 것. 다른 길을 가면 돌아가는 것
돌아가도 결론은 나지 않는다는 것. 보험이 그렇다
[노.병.사]문제의 The Way, The Truth다
보험은 이 문제를 해결하기 위해 과거부터 현명한 사람들이
고민해 온 최종 결론이다
이 문제만 나오면 누구나 '보험'이 떠오른다
이 문제는 누구도 피할 수 없다. '보험'도 피할 수 없다
하지만 안타깝게도 보험과 보험人은 외면할 수는 있다
이 사실이 사람 사이에 현격한 격차를 만든다

보험을 외면한 사람과 외면하지 않은 사람
보험에 들고 죽은 자와 안 들고 죽은 자
암보험에 들고 암에 걸린 자와 안 들고 암에 걸린 자

진리란? 누구든지 인정하는 보편적인 법칙이고 사실이다
다음의 명제가 모순되지 않고 정확하게 맞는가만 판단하자

'생로병사 문제에 대한 유일한 해결책은 보험이다'

이 명제가 맞는가? 우선 이것부터 대답하자
이 명제가 틀린 말이라면 보험을 외면해도 된다
보험인을 굳이 만나지 않아도 된다
그렇게 되면 어차피 이 일은 여러 세일즈 중 하나에 불과하니까
하지만 이 명제가 맞는 말이라면
보험과 보험인을 대하는 자세부터 확실하게 바꿔라
다음 질문에도 대답해보자 _ 대답은 Yes와 No

난 언젠가는 반드시 죽는다?
'언젠가'가 이 시간 이후 언제든지 될 수 있다는 사실을 인정하는가?
나도 장례식장 ? 호실의 주인공이 된다는 사실도 인정하는가?
암병동에 누워 불안에 떨고 있을 수 있다는 사실도 인정하는가?
보험이 나와 가족에게 반드시 필요하다는 것도 인정하는가?
보험이 나와 가족을 돕기 위한 것이라는 것도 인정하는가?

_ 대답은 모두 Yes이어야 함

난 완벽한 존재인가?
난 암에 절대 걸리지 않는다?
난 치료비, 유산을 만들기 전 절대 죽지 않는다?
난 죽기 전 병원신세를 절대 지지 않는다?
난 죽기 전 절대로 돈이 떨어지지 않을 것이다?

난 100세까지 절대 살지 못한다?

_ 대답은 모두 No이어야 함

당신의 대답이 모두
6개의 Yes와 6개의 No로 구성되어 있다면
자~이제 진실한 보험人과의 만남을 시작해야만 한다

선장船長과 선원船員

선장은 가장家長, 선원은 가족
선장은 바다와 기상에 대한 지식과 나침반으로 방향을 결정한다
선원은 있는 힘을 다해 노를 젓는다. 땀을 흘린다
가정이란 배는 선장의 눈빛과 선원의 힘이 합할 때 바로 가는 것

선장은 보험人의 Ship, 선원은 보험人의 활동력
보험人은 빛知과 만남이라는 힘行이 일치知行合一할 때 바로 가는 것
그곳에 보험의 꽃은, 보험의 기적은 피어난다

선장이 자신의 역할을 선원으로 착각하여
노만 열심히 젓고 있다면, 다시 말해서 Ship이 없다면...
그 가정은, 그 보험人은 어떻게 될 것인가?
그러므로 보험人은 선장에게 빛을 주어야 한다
선장이 그 역할을 제대로 하도록 이제 당신의 마음속에
'보험의 가치'란 태양이 뜨면, '열심히'란 촛불을 끄고...

돈

저축통장을 보면... 사람의 미래를 알 수 있다
가계부의 지출 내역을 보면... 삶의 우선순위를 알 수 있다
보험 내역을 보면... 가장의 마음과 깊이를 알 수 있다
신고된 재산변동 내역을 보면... 공무원의 비리여부를 알 수 있다
사람들은 마음을 숨기고 잘 드러내지 않지만
마음은 돈을 통해 움직이기에
이 돈들을 통해 마음의 흐름을 읽게 되는 것

주거래 은행........ 급여통장을 한눈에 본다
주거래 증권사..... 투자 내역을 본다
세무서 직원........ 주민등록번호 조회로 수입 내역을 본다

보험人은 무엇을 통해 보는가?
바로 오늘 발행한 '보장분석, 재정안정설계' 를 통해
다~볼 수 있다

만남

홈쇼핑, 텔레마케팅 등 새로운 판매채널이 등장했음에도
고객들은 여전히 보험人을 통해 직접 설명을 듣고 싶어한다

왜 굳이 한 사람씩 만나야 할까?... 단체로 설명하면 안 될까
왜 굳이 학원 가서 강의를 들을까?... 인강인터넷강의이면 됐지
왜 굳이 모여서 회의를 해야 할까?... 화상회의 하면 되지
왜 굳이 콘서트에 가야만 할까?... CD로 들으면 되지
왜 굳이 경기장까지 찾아갈까?... TV중계를 보면 되지
왜 굳이 경조사에 참석해야 할까?... 돈만 보내지

유대감 때문이다. 유대감은 서로 공통적으로 연결된 느낌,
만나서 느끼고 감동받고 서로 교감하기 위한 것
특파원이 필요한 이유도 현지 분위기를 알고 싶기 때문이다
같은 테두리 안에 있다는 사실이 만족과 위안을 준다
말하지 않아도 이심전심以心傳心으로 기쁨과 걱정을 나누는 것
중요한 것은 이것이다

첫 번째. '만나는 것',
두 번째. 함께 노래를 부르는 것

하지만 시간은 한정되어 있기에
미리 설정해 놓아야 할 것들이 있다

어떤 관계를 설정할 거냐,
어떤 것을 나눌 거냐

'인터넷과 문자메시지 같은 IT기술이
사람 사이 유대감을 약화시킬 수 있으니
가상현실 속 소통에 의지하지 말고 만나서 대화하라'
_ 베아트릭스 네덜란드 여왕의 성탄메시지

세일즈와 기쁜 소식

보험일이 세일즈일까, 기쁜 소식일까?

세일즈는 팔아야 하고 기쁜 소식은 전해야 한다
어떤 것이 맞는가? 지금 결정해야 한다
이 결정은 나의 결과를 좌우하는 가장 중요한 문제다
파는 것과 전하는 것은 전혀 다른 차원의 문제다
파는 것은 판매 프로세스, 전하는 것은 전파 프로세스

세일즈란? 없어도 아무런 불편이 없지만 있으면 더 좋은 것
기쁜 소식이란? 반드시 있어야 하는 것을 깨우쳐 주는 것
세일즈는 열심히, 기쁜 소식은 제대로 해야 한다
세일즈의 성공은 많이 파는 것, 기쁜 소식은 많이 전하는 것
세일즈의 정신은 성공 쉽세일즈맨 쉽, 기쁜 소식은 가치철학
세일즈의 마음은 나의 성공, 기쁜 소식은 지인의 성공
세일즈는 의지Will의 발현, 기쁜 소식은 소명Calling의 발견
세일즈는 내 뜻대로, 기쁜 소식은 보험의 뜻대로,
세일즈는 사람을 이렇게 구분한다. 파는 자와 사는 자
기쁜 소식은 이렇게 구분한다. 돕는 자, 도움받을 자

어느 세일즈맨의 고백 告白

[어느 '보험세일즈맨' 의 일기 中에서]

나는 보험인을 가장한 사실상 '세일즈맨' 이다

보험세일즈를 시작한 이후

난 화장품, 자동차판매와 같은 세일즈업계의 일원이라 생각한다

다른 세일즈업종과 장단점도 비교해보고,

잠시 머물렀던 자동차세일즈와 지금의 보험세일즈는 어차피

같은 세.일.즈.이므로 잘할 수 있으리라 본다

신인 재무설계사가 어떻게 하면 이 일을 잘할 수 있냐고

내게 묻는다면 이렇게 말해주곤 했다

"이 일은 활동량이 무척 중요해요. 활동을 지속적으로 하려면

골든 룰을 지키고 연속 3W달성에 집중하세요"

내게 고객이란? 고객감동, 고객기절의 대상이나 사실은 매번 거절을

이겨내야 할 극복대상, 공략대상, 마감재료, 3W의 재료다

이 재료들이 바닥나면 그동안 아껴 둔 가족, 친구, 지인...

최종적으로는 나 자신이 재료가 된다. 번번이

그들에 대한 내 자세는 깍듯하다. 얼굴, 복장도 차별화한다

명절, 생일, 기타 경조사에 다~참여한다

몸을 '저자세' 로 낮추고 허리 각도도 무척 중요하다

구매에 감사하고 부지런히 눈도장을 찍는다
양복바지는 닳을 것을 예상하여 무조건 두 벌을 준비한다
일 년에 구두가 몇 켤레씩 닳아지도록 죽어라고 활동한다
안면 트기, 빌딩의 계단 타기, 차에 명함 꽂기, 명함스티커 붙이기 등
몸을 움직여야 한다
세일즈는 연고에게 피해를 주는 일이므로 개척만 할 것이다
연고가 아닌 개척고객은 나의 '가장 불쌍한 희생자' 이므로
나의 일을 배우자, 형제자매, 친척에게는 권하지 않는다
집을 나서면 철저하게 나를 비운다
간과 쓸개를 집에 두고 온 덕분이다. 처음엔 심적으로 힘들었지만
차차 적응되었고 특히 수수료를 받는 날이면
'이 일이 무척 가치가 있구나, 돈이 되는 구나' 라고 생각했지만
실적이 안 좋은 달이면 그만둘 결심을 가족에게 말하곤 한다
그때마다 배우자가 말리고... 아이들이 말리고...
하여튼 이 힘든 일을 이겨내기 위해 목표를 높게 설정한다
난 매월 초 끔찍한 스트레스로 앓아눕기도 한다
돈을 많이 벌면, 뒤도 안 돌아보고, 그만둘 것이다
현재 대출상환, 대학교육비(유학비), 투자손실금을 만회하기 위해
이 일이 적합하다고 생각한다
그때까지 참고 고난의 세월을 보낼 것이다
나 같은 연약한 여성이 이렇게 굳은 일, 험한 일을 하다 보니
'독해진 나'를 발견하곤 때론 아연실색하기도 한다
주변을 봐도 모두 독해지다 못해 이젠... 억세진 모습들

세일즈, 그 이후

결론적으로... 내가 세일즈를 하게 된 동기는 소득이었다

난 나 자신을 채찍질하여 강한 업적드라이브를 건다
모든 지인, 가족까지 고객으로 설정했다
동창회와 각종 모임에서 판매해 보려고 애쓴 결과,
그들 사이에서 철저히 세일즈맨으로 인정되었고,
그런 사이 그동안 쌓은 인간관계가 단절되기 시작했다
난 자신감을 상실했고 내 제안을 거절했던 지인들에게
적잖은 적개심을 품게 되었다
아는 사람이 많았고 인간관계도 자신 있었던 나였는데
실적을 위해 철저히 세일즈를 하면서 당당했던 모습은 사라졌고
저렴한 패키지 보험상품으로 연명하는 모습이 되었다
비참한 내 자신에 실망한 난 이제 결심한다
돈만 벌면, 가능하면 하루 빨리 이곳을 탈출할 것이다

난 스트레스를 받는 날이면 백화점에 가곤 했다
쇼핑 중독과 명품 선호성향이 생긴 것이다. 그곳에서 같은 소속의
또 다른 세일즈맨들을 본다. 분명 나와 같은 심정이리라
입에도 못 대던 주량이 늘었다

동료들이 모이는 회식자리, 봄 가을 단풍관광버스 안에서
근거 없는 화이팅을 외치며 점점 세일즈의 잔뼈가 굵어져 갔다
시간이 갈수록 수입으로 고객을, 수수료로 동료를 판단했고
타인의 성공을 부러워하며 시기와 질투의 화신이 되어갔다
연도대상에 선정되면 행복했지만 그렇지 못할 경우에는
마치 지옥에 간 것처럼 아무것도 위로가 되지 못했다
남보다 뛰어난 실적임에도 불구하고 무실적을 두려워하고
안정감을 상실했다

나도, 동료집단도 무시했고, 퇴사 후엔 독한 고객이 되었다
누군가 상처를 건드리면 백배, 천배의 보복을 했다
난 타 세일즈 종사자를 당한 만큼 당한 그 이상으로 괴롭혔다
가정환경조사서에 내 직업은 그저 '자영업'이었다
수다맨이 되어 고객보다 말을 많이 하고 있었고
내 자아(고집,아집)가 갈수록 강해짐을 느끼고 있었다
내가 벌어들인 수입은 아이들의 교육비에 올인All-in되었고
그 결과 아이들에게 정신적 보상을 강요하는 심리가 생겼다
난 주기적으로 아이들에게 '부모로서의 희생'을 역설했다
내 아이들은 그때마다 미안함을 느낀다는 듯한 묘한 표정을
애써 지어 보이곤 했다

관계설정 1

'내 삶은 황폐하다. 난 매일 좌절하고 있다
아무도 내 말에 주의를 기울이지 않는다
더더욱 내 삶은 가난해졌다. 보험인의 삶이 이렇게 무기력할 줄이야
좀 더 나은 어떤 것이 있을 텐데...
결국 난 보험의 가치를 전혀 설명하지 못했다. 무엇이 문제였을까...?'

_ 어느 탈락설계사의 영업노트 중에서

흔히들 '고객은 왕王이다' 라고 한다
왕은 섬겨야 할 대상이고 복종해야 할 대상이다
백성을 위해 왕이 있는 것일까, 왕이 백성을 위해 있는가?
가장이 왕이라면 나머지 가족들은 신하가 되어 복종해야 한다
때려도, 물건을 집어던져도 감수해야 한다. 뭔가 잘못되지 않았는가?

4.19혁명 당시 대통령이 자신을 왕이라고 생각했다면
시위하는 시민, 학생들을 총으로 쏘았을 것이다
5.18광주항쟁에서 발포를 명령한 사람은 자신을 왕이라 생각한 것

왕은 섬겨야 할 대상이 아니다. 친구가 되어야 한다
친구는 확대된 가족이다. 부모에게, 형제간에 말을 못해도

친구에게는 비밀을 말할 수 있다
친구와는 마음이 통한다. 마음이 통하니까 말도 통한다
친구에게 어떻게 총을 쏠 수 있는가. 친구니까 잘해줘야지
그 친구를 박대할 순 없다. 오래갈 친구니까

관계설정 2

'한국과 U.A.E.는 이번 400억 달러 규모의 원전계약을 계기로
향후 70년을 함께 하는 동반자 관계를 맺게 됐다
한국과 U.A.E.가 동맹에 다음가는 군사협력 관계를 맺은 것으로 보면 된다'
_ 2009. 12.28. 조선일보

한국(보험人)과
U.A.E(지인)는
이번 원전계약(보험청약)을 계기로
향후 70년을 함께 하는 동반자 관계를 맺게 됐다

한국(보험人)과
U.A.E(지인)가
동맹(결혼)에 다음가는 군사협력 관계(친구)를 맺은 것이다

보험人과 고객의 관계도 바로 이런 것!

친구가 되면

친구란 가깝게 오래 사귄 사람이다
'가깝다는 말은 마음이 가깝다' 란 뜻이다
많이 만나서가 아니다. 한 번을 만나도 마음이 만나 가까워진 것
친구란 마음의 벽이 없는 사람이다
벽이 없으니까 만나기 쉽다. 아니 만나고 싶다
친구는 동무다. 동무는 지향점이 같은 사람이다
어깨동무는 친구의 어깨에 팔을 얹고 나란히 서는 것
어깨가 안 맞으면 친구가 안 된다
어깨가 낮으면 낮은 친구와 어깨동무를 하고,
어깨가 높으면 높은 친구와 어깨동무한다
그래서 보험인은 계속 성장해야 한다. 그러면 친구가 계속 생긴다
마음의 키높이 구두라도 신어야 한다
친구는 친절하다. 그 친절은 마음이 몸으로 나온 것이다
손님에게, 이웃에게 친절하다는 것은 친구가 되겠다는 것
친절하다는 것은 대하는 태도가 정겹고 고분고분하다는 것
고객과 친구가 되면 그렇게 되는 것

어떤 친구가 되어야 할까? 친구는 4가지로 구분된다

친근親近한 친구 _ 가까운 친구
친절親切한 친구 _ 고분고분한 친구
친밀親密한 친구 _ 교제가 깊은 친구
밀접密接한 친구 _ 마음을 나누는 친구

친근한 친구를 만나, 친절한 관계로 발전시키고
친밀하고 밀접한 관계로 나아가 마음을 나눠야 한다
아버지와 내가 친구가 되면 벽이 사라지고 대화가 시작된다
배우자와 내가 친구가 되면 싸움이 그치고 사랑이 시작된다
군인, 경찰관과 국민이 친구가 되면…
겨누었던 총뿌리를 거두고 고문을 중단한다
대통령과 국민이 친구가 되면…
독재가 사라지고 국민을 위한 정치가 된다

사는 자와 파는 자가 친구가 되면…
의심의 문이 닫히고 믿음의 문이 열린다
지인과 내가 친구가 되면 마음의 문이 열린다. 만남이 기다려진다
친구는 가장 좋은 것을 준다. 지금 보험人이 된 내가
친구로서 줄 수 있는 최고의 우정은 과연 무엇인가?

친구가 암에 걸렸습니다
담당의사가 배우자, 자녀를 잠깐 나오라고 해서
환자에게 알리지 말라고 귓속말로 속삭이는 모습,
단지 TV드라마에서 볼 수 있는 일이죠
의사는 직접 대고 큰소리로 말합니다

"3개월 삽니다. 어떻게 하실 겁니까?
적극적으로 제게 치료받으실 건가요, 아니면 퇴원하실 건가요?"

인정사정 안 봅니다. 일단 굴복시켜 놓고 치료를 시작합니다
이것이 현실Fact입니다. 여러 암환자 중 한 사람일 뿐
결혼사진을 자랑하지만 아무도 관심 갖지 않는 것처럼

그때 5만 원, 10만 원, 100만 원을

누군가 치료비로 쓰라고 드린다면 무척 감사하실 겁니다

저는 얼마를 드려야 할까요? 형편 닿는 데로 하겠죠

하지만 지금은 제.대.로 드릴 수 있다는 것을 직업상 압니다

億대로 드릴 수 있다는 것입니다

저는 매월 마감을 합니다. 매주 작은 마감도 합니다

실적에 대한 마감이지만 사실은 저로서는

지인에게 얼마만큼의 '보장재산'을 드리는가에 대한 마감입니다

나중에는 선생님도, 저도 최종적으로 인생의 '마감'을 하게 되겠죠

보험人이 되자

일반 재무설계사와 보험人과의 만남은 큰 차이가 있다
일반 재무설계사를 만난 지인은 고객이 되지만
보험人을 만난 지인은 가족이 되고 친구가 된다
보험人의 본질은 이것이다

지인 가정의 명망있는 **사외이사**
지인의 **확대가족**
지인과 밀접하게 삶을 공유하는 **친구**
응원군을 얻은 것이고
삶의 방식을 바꾸어 내일의 성공을 위한 **기획**을 꾸미는 것

미래의 지인은 당신에게 이렇게 말할 것이다

"나의 편안함은 과거 당신의 **기획**이었소"
"당신은 내 가족의 **엔딩 크레디트**Ending Credit!"
"당신은 나의 마지막 **고별사**를 작성해 주는 사람"

TIP. 엔딩 크레디트Ending Credit
    영화가 끝나면 출연진과 제작진이 소개되는 자막

1촌의 전제조건

보험일의 성공은 '확장'이 아니라
오히려 '축소'하고 관계를 깊이있게 하는 것이다
질이 아닌 양은 의미가 없다
내실을 다진 후 질적 성장을 이루는 것이 중요한 것
새로운 가망고객을 찾기 전에
기존 고객과의 관계를 더욱 진전시켜야 한다
그 고객이 친구가 되도록...

그 친구는
가족을 보호하고 싶어 미쳐 있는 친구
미래를 생각하는 친구
성공하고 싶은 친구
성공하고 싶은데 방법을 몰라 고민하는 친구
또 하나의 나로서 '명예설계사'가 된다
명예설계사는 나의 홍보대사가 되고 분신이 되어
전국 방방곡곡에서 나를 대신하여 활동한다

보험人의 고객顧客이란?

친구가 고객이 되었다면…
고객이 되기 전에는……………………… 단순한 친구
고객이 된 후에는……………………… 이제 고객이 된 친구
재무설계사를 그만두어도……………… 여전히 친구로 남는다

고객이 친구가 되었다면…
친구가 되기 전에는……………………… 단순한 고객
친구가 된 후에는……………………… 이제 친구가 된 고객
재무설계사를 그만둔 후에도…………… 여전히 친구

결론적으로 당신의 고객이란?
일을 그만두어도 계속 만나고 싶은 친구가 될 사람이다
친구라야 일이 즐겁고, 우정에 금 가지 않도록 최선을 다할 것이다
그러므로 며느리를 고르듯, 신부감을 고르듯
진정성을 알아줄 마음밭도 좀 보고

보험人은 군인軍人

군대는 나라에서 가장 피가 끓는 '젊은 피'가 모인 곳
젊은이가 어린이, 부녀자, 노인들을 지킨다
이들에겐 잠자리와 먹을 것, 입을 것이 지급된다
월급도 지급된다. 그럼에도 불구하고
공짜밥을 줘도 고맙다고 인사하지 않는다
그들이 있기에 국민들이 안심할 수 있기 때문이다
나라의 세금은 이런 곳에 쓰는 것
한 번 뿐인 인생에서 황금기를 바친 것에 비하면
이 정도 대우는 아무것도 아니다
자기가 못하는 일을 대신해 주니............. 차~암 고마운 것

군인은 국민을 고객이라 부르지 않는다
경찰이 시민을 고객이라 부르지 않는 것처럼
국민은 고객이 아니라 지켜 주어야 할 대상, 보호해야 할 대상
군인은 싸워서 이기는 것이 아니다. 이겨 놓고 싸운다
싸우는 자가 아니다. 보호하는 자
이기려고 싸우는 것이 아니다. 보호하려고 싸우는 것
이들의 존재이유는 전쟁억지력이요, 심리적 안정감

보험회사는........................... 나라를 지키는 군대
보험人은............................... 현역 군인
그만둔 자는......................... 퇴역 군인

군인은 끊임없이 입대하고, 끊임없이 제대한다
현역인 자도, 예비역인 자도 있다
보험人도 군인과 같이, 평생하는 것이 아니다
군인이 복무기간이 끝나면 제대하듯 보험人도 때가 되면
그만둘 때가 온다. 평생의 일(?)이란 잘못된 감옥에서 나와
보험일의 시간적 유한성有限性을 깨달아야 한다

언제가 될지 모르지만,
그때까지라도, 맡은 기간 만큼이라도
지인知人들에게 줄 수 있는 최고의 혜택을 주라
이 일이 끝나면 주고 싶어도 줄 수 없다

그 당시는 멋있는 군인이어야 한다
제대할 때는... 영예로운 퇴역 장군이 되고!
제발 '不명예 제대' 하지 말고!

국회에서 생긴 일

여기는 대정부 질의가 벌어진 국회 본회의장
의원들의 날카로운 질문 공세를 장관이 맞받아치는 상황
국회부의장이 장관에게 호통을 치며 말한다
"어이 장관! 여기는 국민의 대표가 모인 곳이오
일개 국회의원에게 말하는 것이 아니라
국민의 대표에게 말하는 것이니 성실히 답변해주시오"

국회의원은 나라에서 주는 세금을 받는 공무원 신분?
아니다! 국회에 파견된 지역구민의 대표!
보험人은 회사로부터 커미션을 받는 사업가?
아니다! 회사에 파견된 지인그룹(팬클럽)의 대표!
상품의 구매에 있어 **현명한 1차 소비자. 프로슈머**Prosumer!
지인그룹의 재무설계를 맡은 **총무**Staff!

시각을 바꾸세요
과연 누구를 위해 일하고 있는가?를
과연 누구를 위해 일해야 하는가?도

국회의원 후원회 後援會

여기는 또다시 한 국회의원의 후원회가 열리는 국회의원 회관
후원회를 개최한 국회의원의 출판기념회도 동시에 열렸다
각계각층의 친분 있는 사람들로 북적댄다
화환이 속속 도착되고 음료수를 마시며 담소를 나누는 모습들
후원금을 내는 사람들, 후원금을 받는 사람들
이어 후원회장의 축사가 이어지고…

이 후원회를 개최한 모임은 그가 속한 지역구, 소속 정당, 향우회,
동창회, 학연, 지연, 가족·친지가 중심이 된다
그들이 후원회의 중심이 되어 여러 지인들을 초대한 것
이 유망한 정치인은 훗날 그들의 민원창구가 된다
때론 탄원서를 올리고 민원을 넣고 지역문제를 논의한다
후원금을 받은 정치인은 결국 그들의 후원자가 되는 것
임기가 끝날 때까지

정치인을 육성해야 한다. 그는 창구 역할을 맡는다
그가 없으면 응답여부조차도 불투명한 청와대 인터넷 민원실과
국무총리 민원실을 이용해야 할지 모른다

가까운 주변인들의 성공이 나에게도 좋은 것이다
이것이 나를 확대하고 인맥네트워크를 만드는 기회인 것

사례비 없는 군인, 소방관, 의사는 상상할 수 없다
사례비 없는 목사, 스님은 성직을 수행할 수 없다
생활고에 시달린 국가대표 선수는 운동을 그만둘 수 밖에 없다
재정적 안정이 없으면 다른 일을 찾아 나서야 하기 때문이다

나의 보험人은…
그는 내가 속한 그룹의 재무설계 대표다
그는 우리들이 중지를 모아 보험회사로 보낸 소비자 대표다
그는 우리를 대신하여 재무설계에 관한 한 아무 걱정 없도록
대신 공부하고 연구하여 설명해 주는 역할을 맡았다
때론 미안한 마음도 들지만 똑똑한 그가 자랑스럽다
그가 일을 계속하도록 격려하고, 밀어주고, 우뚝 서 있도록 후원해야 한다
그 덕분에 궁금할 때 전화만 한 통 한다
그가 우리의 짐을 덜어 주니 고맙기만 하다
우리는 그의 성공을 간절히 염원하고 있다
그가 힘들면 십시일반으로 돈을 걷어서라도 재정안정을 시켜야 한다
그가 없으면 우리들이 고롭다
그 일을 누구도 맡지 않는다면 다~우리가 해야 한다
가령, 회사에 인사, 총무, 경리, 기획, 구매담당자가 없으면
모든 일을 한 사람이 다 해야 한다

할 수 있다 해도 전문성이 떨어진다

지방에 가려고 버스를 구입하고 기사를 고용할 필요가 없다

내가 안 타던 순간에도 이미 많은 사람들이 이용하므로

버스회사가 운영되고 있는 것이다

KTX 열차를 한 번 이용하려고... 기관사, 승무원을 면접할 필요도 없다

철도회사가 이미 운용되고 있어 요금만 내면 된다

도둑과 강도를 막으려고 자율 방범대를 구성할 필요도 없다

국민의 세금으로 경찰서, 군대가 존재하기 때문이다

그가 우리의 대표가 되어 이 일을 맡아 줘서 고맙고 감사하다

그의 일이 성공적이길 간절히 소원한다

오래 이 일을 계속하게 되면 전문성도 더해 갈 것이기에

직업의 탄생 誕生

가장 현명한 구매자는 누구일까?
제품을 파는 사람이다. 물건을 판다는 것은 가르칠 수 있다는 것
가르칠 수 있다는 것은 '안다'의 최종단계, 선생님이 된 것
선생님이 되었다는 것은 그 제품, 그 분야를 좋아했다는 것
전문가가 되었다는 것은 미칠 정도로 좋아했다는 것
직업이 되었다는 것은 유료 팬클럽이 생겼다는 것

대학교수 A씨
자신의 전공을 미치도록 좋아했기에
유학까지 다녀 와서 박사학위를 취득했고
전공지식을 전수하는 교수가 되었다. 학생이란 팬클럽을 이끈다

커피 전문점 대표 B씨
원두커피를 미치도록 좋아했기에 바리스타가 되었다
커피전문점을 차리고 바리스타를 양성하는 학원을 이끌고 있다

투자자문회사 대표 C씨
평소 주식투자에 관심이 있어 오랜 투자경험을 가지고 있다
이젠 주변인의 투자상담을 해주다가 투자자문회사를 차렸다

공인중개사 D씨
부동산 투자에 관심이 많아 아예 부동산 공부를 하고 싶었다
부동산을 공부하는 가장 빠른 방법은
바로 부동산 중개인 자격시험에 응시하는 것이었다
자격증을 취득한 후 자연스럽게 공인중개사가 되어 버렸다

재무설계사가 된 K씨
평소에 보장자산의 필요성을 잘 이해하고 있고
보험관련 서적을 구입해서 읽었다
보험회사 홈페이지에 접속하여 상품을 고르고
재무설계사에게 문의하여 탄탄한 보장플랜을 설계해 놓았다
자연스럽게 주변 지인에게 자신의 보장내역을 설명하고 가르쳤다
보험을 가입할 땐 모두 K씨에게 문의하는 등 팬클럽이 되다
그 팬클럽을 제대로 돕기 위해 자연스럽게 재무설계사가 되었다

시급한 컨셉 정리

부동산의 가장 큰 고객은.................... 공인중개사
보험의 가장 큰 고객도...................... 재무설계사
해당 회사의 가장 큰 고객도................ 소속 보험人

보험人은...
판매인이면서 우수고객, 1차 소비자인 사람
지인에게 당신은 판매인인가, 소비자 그룹의 리더인가?

공인중개사는...
지역 부동산의 가격변동을 피부로 느낀다
가격상승이 예상되면 추천하기 앞서 본인이 먼저 산다
그다음 가장 가깝고 소중한 지인에게 추천한다

보험人도...
상품이 나오면 가장 먼저 공부하고 장단점을 파악한 후
상품이 마음에 들면 자신부터 가입하고 가족들부터 소개한다

이들의 공통점은 모두
판매자 이전에 똑똑한 소비자 Smart Consumer 라는 것

회사는 보험상품을 만들고,
보험人은 스스로 상품의 장단점을 연구하고
음식에 독이 있는지 없는지 먼저 맛본 후
그 과정을 설명하는 것

결과적으로 상품이 판매되었다면...
그 과정은 1차 소비자의 관점이었기에 가능한 것
보험人의 판매과정은 고객의 구매과정이어야 한다
그의 현명한 구매방법에 동의하였다는 것을 의미하는 것

보험人이 된 이유

은퇴를 고려했던 김연아 선수
스케이트를 못 탄다고 생각하니 끔찍하게 느껴진다고 한다
그렇다! 돈은 자연스런 현상일 뿐 피겨스케이트가 좋았던 것
피겨스케이트를 좋아하다 보니 아름다워졌다
만족한 표정이 나왔고 몸매도 좋아지고 돈도 번 것
매사에 그 일을 사랑하는 자가 성공한다는 것을 말해 주는 것

보험을 너무 좋아했고, 그 혜택에 만족했기에 재무설계사가 된 것
보험일을 사랑하고 보람을 느꼈기에 오랫동안 하게 된 것
지금까지가 성공이었다면 상품을 많이 판 것이 아닌
그 보험상품의 '사용 후기'를 판 것

다시 한 번 자~알 생각해 보자

도끼부터 바꿔라

열 번 찍어 안 넘어가는 나무는……… 도끼를 바꿔야
열 번 찍어 안 넘어가는 여자는……… 남자를 바꿔야
열 번 찍어 안 넘어가는 고객은……… 방법을 바꿔야 한다

그 도끼로는 절대 안 되는데 또 찍는다
그 도끼의 사용량 _ 활동량을 체크한다
체력을 보강하고 인센티브를 강화한다
먼저 찍어 성공했던 선배 나무꾼의 강연도 듣는다
찍는 방법을 연구하고 찍는 과정 프로세스도 연구한다
각 과정을 비디오로 찍고 분석한다
나무가 쓰러지는 장면은 없고 그 과정만 탐구한다
그러는 사이 선배 나무꾼은 다른 직종으로 옮겨 간다
그 옛 비디오로 아직까지 공부하는 불쌍한 나무꾼들
그런데도 똑같은 실수를 계속한다. 전과 13범처럼

시간 낭비 말고!
전기톱으로 바꾸고!
도끼날이라도 먼저 갈고!

보험人인가, 금융인인가?

솔로몬 왕에게 세 사람의 유태인이 예루살렘으로 찾아왔다
세 사람은 가지고 있던 돈을 함께 땅에 묻었다
그런데, 그들 가운데 한 사람이 그 돈을 몽땅 꺼내 갔다
이튿날 세 사람은 솔로몬을 찾아가 누가 그 돈을 훔쳐 갔는지를
가려내 달라고 했다. 그러자, 왕은
"너희들 세 사람은 아주 현명하니
우선 내가 판결에 곤란을 겪는 문제를 먼저 풀어 주면
너희들의 문제는 내가 해결해 주겠다"

이렇게 말하며 다음과 같은 이야기를 들려주었다
"어떤 처녀가, 한 젊은이와 혼인하기로 약속을 하였지만
얼마 후 다른 남자와 사랑에 빠져 약혼자에게 헤어지자고 했다
그 처녀는 약혼자에게 위자료를 지불하겠다고 했지만
약혼자는 위자료는 필요 없다면서 약혼을 바로 취소해 주었다
그 처녀는 남보다 많은 돈을 가지고 있었던 탓으로
한 노인에게 유괴당했지"

처녀는 노인에게 이렇게 말했다
"저는 약혼자에게 파혼을 요청하자 그 남자는 위자료도 받지 않고

제 부탁을 들어주었어요. 노인께서도 그 사람처럼 절 풀어 주세요"

이 말을 들은 노인은 몸값을 받지 않고 처녀를 풀어 주었지
이 사람들 가운데 가장 칭찬받을 행동을 한 사람은 누구이겠는가?"

첫 번째 사나이가 대답했다
"물론 약혼까지 했으면서도 파혼 해주고 위자료도 안 받은 남자죠
약혼자는 마음이 없는 처녀와 굳이 결혼하지 않은데다가
위자료도 받지 않았습니다. 그 남자가 칭찬을 받아야 합니다"

두 번째 사나이가 말했다
"아닙니다. 그 처녀야말로 칭찬을 받아야 합니다
그녀는 용기를 내어 파혼을 요구했고
진정으로 사랑하고 있는 남자와 결혼을 했습니다
유괴당한 상태에서도 당당히 노인에게 말해서 풀려났습니다"

세 번째 사나이가 말했다
"이야기가 너무 뒤죽박죽이어서 전 이해할 수가 없습니다.
먼저 처녀를 납치한 노인은 돈 때문에 그 처녀를 납치했는데
돈도 안 받고 풀어 주다니…"

그러자 솔로몬 왕은 갑자기 호통을 치며 말했다
"이놈! 네가 바로 돈을 훔친 놈이다. 다른 사람들은 이야기를 듣고

사랑이나, 처녀와 약혼자와의 관계, 얽힌 감정에 마음을 쏟았는데,
넌 돈 밖에는 생각하고 있지 않았다. 틀림없이 네가 범인이다!"

자, 무슨 의미인지 알겠는가?
보험이 빠진 재무설계는 모래 위에 지은 집이다
왜 이 보험설계를 보험人이 굳이 해야 할까?
금융이 몸이라면 보험은 몸을 보호하는 옷이다
몸이 커지면 옷도 커지듯 금융자산이 커지면 보장도 커져야 한다
이런 식으로... 금융(저축+투자) 〈 보험...

보험人과 금융인은 다르다
보험人은 보험을 사랑하는 사람이고 관계와 느낌을 중요시한다
보험을 판다고 다 보험人이 아니다. 금융인일 뿐이다
보험人이 되어 보험을 취급할 때 제대로 된 것이다
지금은 '보험人'이라고 당당히 말하는 사람이 그립다
그런 철학 있는 '보험人'이라면...
그런 철학 있는 '보험人'을 만날 수 있다면...

당신의 소속

당신의 소속은 어디인가? 00보험 00지점
당신의 사무실은 어디인가? 서울시 강남구 역삼동...

다~틀렸다!

보험 소속이다! 고객 마음속이 당신의 사무실이다!
지금 회사는, 지금 사무실은 업무를 위한 3차원의 공간Space일 뿐
보험가치에 취직하고, 고객 마음 안에 신장개업新裝開業하라!

당신의 명함에 '0000보험 주식회사' 보다
'_____ 님 마음 주식회사' 라고 말할 수 없는가?
'FC, FP, 재무설계사' 라고 말하기 전에
당당히 '보험인 OOO' 라고 말할 자신은 없는가?

당신은 회사의 서비스 대표Representative가 아니라 보험가치의 대표다
보험대리점이 아니라 '보험(가치)의 대리점' 이다

보험으로 바꿔라

상류층으로 갈수록 보험 인식이 좋아진다
배움이 높아질수록 보험 인식이 좋아진다
선진국일수록 보험 준비를 기본으로 안다
재산이 많아질수록 지키려고 한다
재테크에 몰입할수록 리스크 관리의 중요성을 느낀다
위험을 인식할수록, 위험 직종일수록 보험이 절실해진다
혼자라고 느낄수록 보험이 절실해진다
나이가 들수록 결혼하여 안정을 찾는다
나이가 들수록 안전벨트를 잘 맨다
나이가 들수록 보수적이 된다
식구가 많아질수록 집의 평수를 늘리고자 한다
오토바이를 타면 탈수록 안전한 차를 생각한다
차를 타면 탈수록 운전이 조심스러워진다
차가 좋아질수록 에어백 개수가 많아진다

보험이 보인다는 것, 보험가치가 보인다는 것입니다
보험으로만 바꿔 주세요. 간단하죠?

지인의 자세부터 바꿔라

우리는 예수의 눈으로 하나님을, 석가의 눈으로 극락을 본다
공자의 눈, 소크라테스의 눈으로 세상을 본다
지도교수의 눈으로 학문에 눈을 뜬다. 우리의 지인도...

경제학의 눈으로 보험을 보는 지인,
금융인의 눈으로 보는 지인,
재테크의 눈으로 보는 지인,
로또 확률의 눈으로 보는 지인

보험人의 눈으로 보험을 바라보게 해야 한다. 그게 제대로다
보험人은 스승이 되어 그들 스스로 알고 선택하도록 도와야 한다
스승은 제자의 자세부터 교정해 준다
왕세자가 스승에게 교육을 받는 〈입학도〉를 보면 스승은 앉고
왕세자의 자리엔 책상이 없고 바닥에 책이 펼쳐져 있었다
왕세자도 성균관 입학례(禮)에서 철저히 학생 대우를 받은 것이다
보험人은 스승이고 지인은 왕세자다
스승에 대한 예우부터 알려 주고 잘못된 자세는 고쳐야 한다

저자著者가 누구인가?

공자가 논어를 쓴 일이 없다. 제자들이 썼다
석가가 불경을 쓴 일이 없다. 제자들이 썼다
예수가 신약전서를 쓴 일이 없다. 제자들이 썼다
저자가 누구인가? 제자는 통로가 되었을 뿐이다

보험을 사는 자는 가치를 사는 것
보험人은 가치를 담은 그릇
그릇을 비워야 보험의 가치를 담을 수 있는 것

보험이 가입설계서를, 청약서를 발행하진 않는다
그 일은 보험人이 한다
하지만 계약이 체결되었다면 그것은 보험이 한 일이다
보험人은 연결시키는 막중한 일을 한 것이다
보험이 저자이고 당신은 철저히 통로로서 존재해야 한다
당신은 가치를 전달하는 통로일 뿐이다
당신은 가치의 주연이 아니라 그들과의 연결고리, 통로!
단순한 통로가 아닌 축복의 통로!
앉은뱅이를 업은 장님!
보험가치와 지인을 연결했으면 당신은 빠져도 된다

당신이 설득하는 것이 아니다. 보험이 설득하는 거다
당신이 해보려고 말고 어떻게 전달할 것인가만 고민하라
통로가 된 자는 이런 식으로 말할 것이다

"저는 잘 모르지만... 제가 배운 바로는"

바닷물이 짠 이유는 3%의 소금 때문이다
우리 마음속에 3%의 수수료 욕심이 있다면 그건 욕심이다
통로가 되어 보험이 팔리면 돈은 자연스런 결과일 뿐,
목사가 사례비를 위해 목회활동을 하는가?
스님이 공양미를 위해 참선을 하는가?
독립운동가가 연금(수수료)과 훈장을 받으려고 독립운동을 한 건 아니다
허탄한 작은 욕심으로 보험가치는 안 보이고
보험인을 가장한 세일즈맨의 시커먼 속내만 보이게 된다
가치가 사라진 당신의 마음속에 수수료와 실적의 숫자들이
보험가치를 대신하여 울부짖게 된다면
당신은 이렇게 말하게 될 것이다

"배운 데로 했는데... 클로징Closing이 안 돼요"

잘못을 고백告白합니다

¹나는 항상 그분을 기다립니다
지인을 위해 자료를 준비할 때 그분의 의견을 기다립니다
그분은 고요한 중에 귓속말로 말하곤 했죠

'내가 다~알아서 할께. 걱정 말고... 그런데 내 자리는 어디지?'

깜짝 놀란 나는 내 마음속의 자리를 비켜 드립니다
마음속 중심에 내 자아가 버티고 있었거든요
내 자아는 자존심도 무척 세죠
나의 학벌과 지식, 판단력에 의지하는 경우도 많았습니다
그땐 여지없이 깨지고 옵니다
결과가 안 좋은 달은 그분이 없던 때였던 것 같습니다
그분이 안 오신 달은 사실 난 보험을 판 것이 아니었습니다
친절과 부대 서비스를 팔았고, 나의 인맥네트워크를 팔았고
친구니까, 친척이니까, 가족이니까, 나니까...
결과적으로 우정을 가장한 강매였습니다
그때마다 무척이나 힘이 들었고 이 일을 계속해야 하는지...
언제까지 해야 하는지... 이런 갈등을 많이 했던 기억이 납니다
그동안 괜한 일들을 해 왔던 내 자신을 반성해봅니다

괜한 대본을 만들고 그 대본을 외우기 위해 허비했던 시간들
지인들은 내가 앵무새처럼 읊조리는 모습을 원하지 않았습니다
그들은 연극관람을 하러 온 것도, 설득당하려 온 것도 아니었죠
커뮤니케이션을 원했던 것이었습니다. 수고할 필요도 없었고,
그저 편안한 맘으로 지인에게 그분을 소개해주면 됐는데...

난 내가 결혼하는 줄 알았습니다
마치 내가 맞선을 보는 것처럼 화장도 하고
나 자신을 어떻게 하면 돋보이게 할까 고민했습니다
그분을 소개한다고 해놓고는 그분에 대한 소개는 한마디 없이
내 자랑만 늘어놓았던 적이 한두 번이 아니었죠
그사이 그분은 떠나버렸고 그사이 많은 실수를 저질렀습니다
그분을 다시 찾기까지 많은 시간이 필요했습니다.
아무 근거 없이 내가 지인을 평생 책임지겠다고 했으니까요
심지어는 신혼여행도 따라가서 신방까지 들어가 참견도 했습니다

왜 아이가 안 생기냐고... 소개
혹시 불구가 아니냐고... 추가계약
내가 이렇게 열심히 했는데...

이미 저질러진 많은 실수들은 이제 회복할 길이 없게 되었습니다
그리고 난 이제 다른 일을 알아볼까 고민하고 있습니다

다이아몬드가 가지는 의미!

사람들은 보험 그 자체를 원한다. 다시 말해서 보장된 삶

대부분의 가입자는 보험사고가 나지 않는다

사고가 많이 나면 결과적으로 보험은 이 세상에 존재할 수 없다

사고가 나라고 있는 것이 아니라 나지 말라는 간절한 기도다!

Chapter 2
그분이 오셨어요

보험人인 당신이,

지인의 미래를 먼저 사랑해주고,

지인도 자기 자신의 미래를 사랑하게 하고

그분이 오셨어요

오늘부턴 그리 힘들지 않을 겁니다. 그분이 오셨거든요

난 이제 내 역할만 정확히 수행하면 됩니다
이제 깨달은 것은 난 주연배우가 결코 아니라는 사실입니다
그분이 주연배우이고 난 그분의 매니저였습니다
그분은 아름다운 사랑의 시를 만든 작가라면
난 그 시를 전하는 연애편지 대필전문입니다
그분이 그 시를 노래로 만들면 난 그 곡의 가수가 됩니다
그분이 컨퍼런스에서 주제연설을 하면 난 사회를 맡죠
때론 그분이 연주하는 콘서트의 기획자가 되기도 하고
때론 그분의 작품을 전시하는 코디네이터가 되기도 합니다
그걸 몰랐습니다. 이렇게 할 겁니다

그분의 행적을 기록하고 _ 보험금 지급사례
그분의 근황도 알리고 _ 신상품 소식
그분이 쓰신 책에 대한 독자들의 평가도 말해 드리고 _ 지인의 반응

이제 그분만을 가장 돋보이게 할 겁니다
그분이 애쓰시는데도 불구하고 수수료는 다 내 것이 됩니다

그분을 소개하고 운전기사가 되었는데도 돈은 나에게 줍니다
고맙다고, 당신이 없다면 이 세상은 어두워졌을 것이라면서...
그분이 오신 후 나의 생활은 달라졌습니다
아침에 일어나면 그분부터 찾습니다
그분이 없으면 아무것도 할 수 없기 때문입니다
어디서 찾느냐고요? 물론 내 마음속 스위트 룸이죠
그곳에서 주무시게 합니다
때론 피곤했는지, 토라졌는지 인기척이 없을 때도 있습니다
그땐 더욱 간절하게 그분을 부르면서 찾죠
다시 그분을 잃어버리지 않기 위해서 말입니다

난 매일 그분께 많은 지인들을 대표해서 감사하고 있습니다
그분은 거울 앞에 선 나의 복장까지 점검해 줍니다
그분보다 더 부각되면 안 된다고 주의를 주십니다
신부보다, 신랑보다 더 예쁘거나 멋져 보이면 안 된다면서...
이제 지인을 만나러 갑니다. 물론 혼자 가는 것이 아니죠
그분과 함께 갑니다. 주차장에 내려가면 뒷좌석 문을 엽니다
그리고 그분 먼저 VIP좌석에 타시게 합니다
그리고 난 기사가 되어 운전을 시작합니다
그분과 재미있는 대화를 하면서 지인에게로 달려갑니다
그런데 내 마음은 왜 이리도 가벼울까요?
그분이 계시기 때문입니다

그분이 말하게 하라

과거 일부 현명한 사람들은...
자신의 신체, 가족의 삶, 재산을 보호하려는 마음을 품었습니다
그 마음들이 모여 보험을 고안한 것입니다
전파, 공기, 마음... 보이진 않지만 실존하는 것들
한번 생겨난 마음은 없어지지 않고 계속 이 세상에 존재하고
지인들이 가족을 보호하려는 마음을 먹는 순간,
그리고 당신이 통로가 되어 보험을 계약하는 순간
과거의 마음과 지인의 마음은 서로 만나게 되는 것이죠
키에르 케고르는 '인간의 실체는 정신이다' 라고 말했습니다
인간의 실체는 정신이고 신체는 유한합니다
그 정신이 깃든 돈이 바로 보험입니다
한번 보험에 쓴 마음도 없어지지 않고 영원히 남습니다
보험을 팔지 말고 가족을 보호하는 마음을 일으켜
짧은 신체적 생명을 연장시켜야 합니다
과거의 그 마음과 지인의 마음을 연결시키면 보험은 팔립니다
아~주 자연스럽고 당연하게

당신이 한 일이 아니에요. 보험이 한 일이에요

차별화가 아닌 구별화

차별화란? 같은 종류 중 수준, 성적 차이, 대소고저를 말한다
구별화란? 성질이나 종류가 완전히 달라 구분하여 두는 것

거미가 곤충처럼 보이지만 전혀 종류가 다른 절지동물이다
거미는 다리가 8개, 곤충은 6개!
거미는 머리, 가슴, 배가 아닌 머리가슴, 배로 이뤄져 있다
우겨도 소용없다. 분류가 전혀 다른 종류로 구별해야 한다
남파간첩은 남에서는 적, 북에서는 영웅으로 구별한다
안중근 의사는 독립투사, 일제는 테러범으로 구별한다
연금저축과 연금보험은 분명히 구별한다
적격연금과 비적격연금도 법적으로 구별한다
금융인과 보험人도 분명히 구별한다
소속을 분명히 하고 그에 맞는 철학의 옷을 입어야 하는 것
마음속 중심에 무엇이 들어 있는가를 보자

판매가 중심이면 단순 세일즈맨이다
많이 팔고 수수료를 많이 받아야 한다
수수료가 높은 상품 중심으로 포트폴리오를 구성한다
당연히 고객의 통장은 세일즈맨의 사정(?)이 고려된다

재테크가 우선이면 금융인이다. 재산증식이 우선이고,
리스크 높은 상품으로 포트폴리오를 한 재무설계를 한다
보험가치가 우선이면 보험人이다
보호가 우선이고 선先수비, 후後공격의 재무설계를 한다
언뜻 보면 맞는 말 같지만 큰일 나는 말이 있다
'보험을 팔기 전에 당신 자신을 팔아라'

이렇게 바꿔야 한다.
'보험상품을 팔기 전에 보험 그 자체를 팔아라'

세일즈맨, 금융인, 보험人 모두 결과적으로 판매하고 돈을 받는다
3명 모두는 판매자이면서도 소비자 입장이다
과연 누구를 만나야 지인은 행복할까?
과연 어떤 시각으로 재무설계를 하는 것이 올바른 것인가?
과연 당신은 누구를 만나고 싶은가?

보험은 거룩한 사업事業

성업聖業이란 신성한 사업을 말한다
성직聖職이란 거룩한 직분이자 규범에 따라 봉사하는 직무다
성직자聖職者란 교역자, 신부, 선교사, 목사, 승려가 된다

성직은 복음을 전하는 일이고, 복음이란 '기쁜 소식'이다
기쁜 소식은 절망 속에 메시아의 출현을 말한다
메시아의 존재 자체가 기쁨이고 복음이다
메시아는 불행을 제거하고 인간 존재의 의미를 준다
복음은 메시아의 죽음과 부활에 연결된 구원이 핵심이다

보험일은 성업인가?
우리 일의 정의를 명확히 내려야 추진력이 생긴다
이 일이 거룩한 일이라면 거룩하게 행동해야 한다
기쁜 소식이라면 조금도 망설이지 말아야 한다
결혼 전과 결혼 후가 달라져야 하는 것처럼
보험가치를 깨닫기 전과 깨달은 후가 달라져야 한다
이것부터 선택하고 결론을 내려야 한다
직업인의 철학은 자동차 핸들과 같다
차량의 핸들은 작은 움직임에도 엄청난 레버리지를 갖는다

특히 급커브 구간에서 핸들을 놓치면 차는 절벽으로 향한다
금리의 미세한 변화로 시중 자금이 이동하듯
보험인을 행동하게 하는 열쇠는 그가 가진 철학이다
매일 밥알을 씹듯 음미하는 시간이 중요하다
이 시간의 레버리지는 엄청난 것이다
보험인의 철학이 잠시라도 무너지면 정체성은 사라지고
보험일이 단순 돈벌이로 여겨져 슬럼프에 빠진다
슬럼프는 외부에서 오는 것이 아니다. 내부 문제다

보험인은 보험가치를 가슴에 담고 일하는 사람이다
이 가치가 전달되려면 말로만 떠들면 안 된다
가치를 전달하는 것이 아니라 가치를 전염시키고 나누는 사람이다
가치전염은 절실하게 깨닫고 느낀 마음이 전해지는 것이다
보험일은 지인의 마음에다 마음으로 말하는 것이기 때문이다
가슴 속에 아무것도 없는 상태에서 전달되는 것이 오로지
체결욕심뿐이라면 어떻게 하겠는가?
그런 내적 시간을 가졌어야 하고, 없었다면 반드시 가져야 한다

포커페이스란 얼굴과 마음을 숨기는 것
이것이 안 되는 사람이 있다. 얼굴은 숨겨도 마음은 숨길 수가 없다
숨길 수 없다면 마음을 고쳐야지, 얼굴표정을 고치고
화려하게 준비한 자료와 암기된 스크립트로 되는 것이 아니다
오히려 원고 없이 연설하는 자, 악보 없이 연주하는 자가 진짜다

뭔가 어눌하고 더듬어도 진실하게 마음으로 말하면 된다
어색하면 지는 것이다. 연습이 안 된 것이 아니다
아직 철학이 확립되지 않았다
마음의 과정이 없었다면 아직 준비되지 않은 것이다

진범을 가려내는 거짓말 탐지기가 있다
이것으로 경찰은 자율 신경으로 움직이는 심장 박동을 잰다
심장박동은 의지와 관계없이 자율신경, 즉 무의식의 지배를 받는다
마음도 마찬가지, 지인의 마음에는 탐침봉探侵棒이 하나씩 있어
이 사람이 제대로인지, 아닌지를 명확히 구분한다
그러므로, 매일 보장의 가치를 반복적으로 음미하고
보장에 항상 기뻐하고 당신 자신이 축복의 통로가 됨에 감사하고
당신이 기획한 보험증서가 간절한 몸기도가 되도록 해야 한다
보험이 가치가 있다는 것은 기쁜 소식이기 때문이다
기쁜 소식이라면 듣는 사람은 희망을 얻어야 하고
소식을 전하는 사람에게 고마워하며 대우가 달라져야 한다

가치가 없다면 한 건 들어준 것이니 부가서비스를 요구할 수 있다
가치가 없는 것이 아니다. 전달이, 전염이 안 된 것이다
지인이 문제가 아니라 전달자에게 문제가 있는 경우가 많다

금을 담으면 금그릇이 된다
보험人은 보험가치를 담은 금그릇이다

그릇에 금테를 두르는 것이 아닌 금덩이만 담으면 되는 것이다
보험가치가 금이고 금덩이를 담기 위해 그릇을 비워야 한다
해보겠다는 의지도 비우고, 욕심도 비우고
금덩이만이 돋보이도록 투명한 포장지가 되어야 한다

문제는 멋진 포장지를 뜯어 보니 양파껍질 뿐인 가짜도 있더란 것
가짜로 판별되는 시기가 있다
바로 보험人 자신이 사망하거나 암에 걸리는 때이다
이때는 여지없이 속마음이 드러나고 망신을 당한다

가장 실질적인 問題

보험일이 사회를 위한 일인가? 그렇다면 사회사업이다
국가를 위한 일인가? 그렇다면 국가사업이다
사람을 옳은 길로 인도하는가? 그렇다면 선생이요, 계몽운동이다
성스러운 일인가? 그렇다면 성직이다
가치 있는 일인가? 그렇다면 가치있는 직업이다
가치 있는 일이라면 가치 있게 전하고, 가치 있게 표현해야 한다
아무 장소에서나 파일을 펼치지 말고, 아무에게나 말하지 말고
사람도 좀 가려서 들을 자세가 되었는가 보고
마음 준비도 시키고 격있게 전해야 한다

보험은 인생의 돈 문제를 다룬다
인생이란, 이렇게 말을 꺼낼 수 있는 직업은 몇 안 된다
종교인과 철학자 정도가 될 것이다. 그래서 공통점이 있다
종교와 철학은 인생의 근본적인 물음에 관련된 것이다
보험은 인생의 가장 실질적인 돈 문제를 다루고 빵을 준다
빵을 며칠 안 먹어도 죽지 않지만 계속 안 먹으면 어떻게 될까?
한번 실험해 볼까? 죽는다!
당신이 죽고 가족이 죽는 문제다. 이래도 가치가 없는가?

人生이란?

인생은 생.노.병.사生老病死, 생生과 사死 중 병과 노를 거치게 되고
생生이후 노.병.사老病死는 피할 수 없는 현실이다
인생의 모든 일은 돈 문제가 결합되어 있고
이 4가지 상황에 대해 적절한 화폐적 배려를 해야 한다
재무설계의 원인은 고민, 고민의 결과는 재무설계다
재무설계의 재료는 두 가지, 저축 방식과 보험 방식이 있다

저축 방식은 돈을 모으는 방식,
보험 방식은 모아진 돈을 이용하는 방식

인생의 가장 큰 문제는 바로 한정된 시간이다
시간은 짧고 돈 문제는 영원하며 모든 시간에 분포되어 있다
저축은 시간을 소비하고 보험은 시간을 절약해 준다
저축계획의 전제조건은 기간 내 수입중단 사태가 없어야 하는 것
저축계획은 아~주 불투명하며 보험은 이 불확실성을 제거한다
보험 없는 저축은 허무하고 미완성이다
우리는 평균수명까지 살 것으로 착각하지만
평균수명 근처에서 죽는 것이 가장 어렵다. 확률이기 때문이다
평균수명이란? 영아 사망에서 장수한 사람, 모두의 수명을 합산하여

인원수로 나눈 것. 하지만 어느 누구도 평균수명에서 죽을 지는
장담할 수 없다. 내 수명이 평균을 내릴지 올릴지 아무도 모른다
신의 영역이다. 사망보험으로 대박 날지, 쪽박 날지,
연금보험으로 대박 날지, 쪽박 날지,
20년 납입기간이 2년 납이 될지, 5년 납이 될지 아무도 모른다
납입면제 보험은 납입면제 받을 때까지 납입하는 것이다

'선배는 하늘' 이라서 부러운가?
태어나는 것은 선후배가 있지만 죽는 것은 선후배가 없다
특히 40대 이후 죽을 확률은 그야말로 단순한 숫자에 불과하다
평균 사망률과 평균 암발병률, 평균 암사망률을 믿는가?
암사망률이 44퍼센트여서 당신이 암에 걸리면
44퍼센트만 암에 걸려 죽고, 56퍼센트는 안 걸리는가?
지금 장례식장의 주인공들은 100퍼센트 사망한 것이고
지금 병원에 누워 있는 암환자는 100퍼센트 발병한 것이다
그들은 결과적으로 100퍼센트였다
평균수명 예측은 틀렸다. 생존율과 사망률은 틀린 것이다
걸리면 무조건 100%, 가족의 불행도 100%, 확률은 통계일 뿐!
제발 평균을 믿지 말고 개인적인 확률을 생각하라
개인적인 사망확률과 질병 발병 확률은 100%이거나 0%이거나!
All or Nothing, 모 아니면 도, 이것이 팩트$_{Fact}$다

보험인인 당신은 결코 뒷북을 치면 안 된다

일이 벌어진 후 후회하면 안 된다
미리 가서 말하고 욕먹어도 또 하고 재수 없다고 해도
사랑한다면, 가치가 있다면 외쳐야 한다
지인을 아낀다면,
지인보다 지인의 가족을 아낀다면,
그들을 대신해서 나팔을 불고 북을 쳐대야 한다

차원次元이 달라요

1차원은 선, 2차원은 면, 3차원은 공간, 4차원은 공간의 공간
2차원은 1차원을, 3차원은 1.2차원을, 4차원은 1.2.3차원을,

다~포함한다

높은 산에 오르면 낮은 산들이 다 보이는 것과 같이
우리의 몸은 3차원에, 마음은 4차원에 있다
4차원의 마음이 3차원의 몸을 컨트롤한다
2차원의 개미는 자신이 똑바로 걸어간다고 생각하지만
3차원 공간의 인간은 개미가 기어오른다고 생각한다
흔히 '차원이 높다. 차원이 다르다' 는 것은
낮은 차원을 뛰어넘은 곳에 위치하고 있는 것이다
선수는 선수를 알아보고 수준은 수준을 알아본다
당신의 수준이 올라가지 않으면 높은 수준의 고객을 만날 수 없다
한마디로 유유상종! 사고방식이 다르고 형성된 문화가 다른 것

1.2.3차원은 눈으로 보이지만 4차원은 마음의 영역이다
낮은 차원은 높은 차원을 보지 못하고 이해할 수 없다
4차원은 생.노.병.사의 사라지지 않는 영생의 공간

3차원의 몸은 사라져도, 4차원은 사라지지 않고 영원한 것들
예술, 문학, 역사, 철학, 종교, 마음. 사랑, 감정, 의식구조 등
3차원에 속해 있으면서도 4차원을 담고 있는 것들이 있다

예술가의 작품. 사람은 죽어도 작품은 영원하다
예술가의 공연. 후계자를 통해 전수된다. 영원하다
가문의 내력. DNA를 타고 내려간다. 영원하다
역사의식과 철학 사상. 책을 통해 전달된다. 영원하다

이런 것들은 4차원에 존재하지만
3차원에서는 공연, 콘서트, 쇼, 책, 음반, 전시회 등으로
표현되고 전달되는 것. 그리고 돈을 매개로 한다

돈을 내고 콘서트 공연장에 입장하여 관람한다
돈을 내고 에세이집, 시집을 사서 읽는다
돈을 주고 선물을 사서 마음을 전달한다
돈을 주고 커피 전문점에서 사랑하는 사람을 만난다
돈을 주고 꽃을 사서 축하의 감정을 전한다

돈이 오가는 것은 3차원, 실제로 오간 것은 4차원이다
돈은 4차원이 3차원으로 내려와 표현되는 방식이고
가장 많은 의미가 함축된 것이 바로 보험이다
결론적으로 지인은 3차원에서 보험계약을 체결할 것이고

보험人도 3차원에서 보험증서를 전달할 것이다
하지만 중간 과정을 살펴보면
보험증서는 4차원 세계에서 미래 시간여행을 한 후 쓴 후기
여행의 기록을 마지막으로 정리한 보고서가 된다
그러므로 보험人은 ....

.... 미래 시간여행 전문가이드
.... 상상현실 전문가
.... 재무 버라이어티쇼 기획자
.... 희망 노래교실 선생님
.... 보험성가대 솔리스트

'보험' 兄아~

이제 돈에 대해 생각해보자
저축은 가입에서 만기까지 시간이 필요한 2차원
투자는 변화될 상황, 즉 공간을 고려한 3차원
보험은 생.로.병.사.라는 새로운 공간이 추가된 4차원

우리가 가진 돈은 1차원 _ 막내
저축으로 이동하면서 2차원 _ 셋째
투자로 이동하면서 3차원 _ 둘째
보험으로 이동하면서 4차원이 되는 것 _ 큰 형

동생들인 투자와 저축은 집안을 일으키려는 마음이다
최상의 공격이 최고의 수비라고 말한다
잘되면 대박, 잘못되면 쪽박이다
큰형인 보험은 사랑의 마음, 지혜의 마음이다
큰형의 임무는 동생들의 꿈의 실현과 부모의 유지를 받드는 것
큰형은 매사에 모든 상황을 고려할 정도로 신중하다
큰형은 항구적인 먹거리를 고민하고
동생들이 홀로서기를 하도록 돕는 수비형 공격수다

보험을 뒷바라지하라

보험이란 내가 해석하고 싶은 데로 하는 것이 아니다
보험에 당신이 맞춰야 하는 것

많은 보험人들은 그동안 자신과 고객과의 관계에 집중해 왔다
보지 못하는 것을 보고 알지 못하는 것을 알려 줘야 하는데
보험은 안보이고 보험人의 자기소개와 상품만 각인되었다
우리는 가장 중요한 것을 놓치고 있었는지 모른다
보험과 보험人의 관계, 보험과 고객의 관계가 그것이다
보험人이 철저히 중매인이 되어야 한다는 것
자녀가 부부의 공통분모가 되듯
보험人과 고객의 공통분모, 공통화제가 보험이 될 때
최상의 관계가 형성되는 것. 우선순위는 이것이다

먼저................. 보험과 보험人의 관계부터 정립하고
그다음.............. 보험과 고객과의 관계를 잡아 주어야

보험人과 고객과의 관계가 비로소 자연스러워질 것이다
보험人이 당사자가 될 때 문제가 발생한다
그렇게 되면 보험人이 다~책임지고 해결해야 하는 것이다

서비스를 해주고 애써야 하는 힘든 일로 전락한다
무형의 보험을 어떻게 중매시켜 주어야 할까?

당신이 먼저 만나고 느낀 보험의 마음을,
당신이 먼저 배운 보험의 철학을,
당신이 먼저 누린 보험이 베풀어 준 혜택을,
당신의 감사한 마음을 노래해 주면 된다

당신의 서비스란? 보험이 일을 계속하도록, 보험이 고객과 백년해로
하도록 뒷바라지하는 것. 그렇지 않은가?
제발 보험가치를 청송교도소에 가둬 놓고 옥바라지하지 말고...
그러다 나오면 두부나 먹이지 말고...

같은 공간空間, 다른 사람

몸은 유한하지만 마음은 무한하다
나의 실체는 마음이다. 마음이 떠난 몸은 넋이 나간 것
사랑하는 마음은 몸을 떠나 연인에게로 가~버린다
연인과 헤어지면 넋이 나간다. 노래 가사를 들어보자

'잠든 그대 품에 나 찾아가~ 입 맞추고 돌아올까요'

사람의 넋은 4차원의 공간에서 자유롭게 시공간 이동을 한다
마음의 에너지는 꿈, 몸의 에너지는 음식이다
사람이 꿈을 가지면 마음이 생겨나고 생겨난 마음은 에너지이다
마음에너지는 미래로 시간여행을 떠난다
보험을 사랑하면 보험과 일체가 되는 원리. 즉 보험의 원리
자신의 미래를 사랑하면 미래와 일체가 되는 원리
이것이 바로 저축과 연금의 원리

마음이 미래로 떠난 후, 현재는 몸만 남아 있는 사람들과
현재에 마음과 정신이 그대로 남아 있는 사람들은
같은 공간에 있어도 다른 사람, 다른 국적인 사람들!

허무와 존재存在의 차이

3차원의 몸은 죽는다................ 그래서 허무하다
4차원의 마음은 안 죽는다............. 그래서 존재감을 준다

죽고 사라진다는 것은 있던 것이 없어졌다는 것
그 상실감을 아무것으로도 대체할 수 없어 너무 허무한 것이다
그래서 상실감과 허무감은 같은 이야기다
이 상실감은 우울증을 부르고 자살로 연결된다
자살률이 세계 최고인 것은 허무하기 때문이다
3차원 공간에서는 모든 일이 다 허무하다
4차원으로 가면 그 허무한 것이 다 살아난다
3차원허무에서 4차원존재감으로 가는 연결고리가 존재감을 주는 보험이다

명절마다 지내는 차례, 제사는...
산 자와 죽은 자가 만나는 시간, 어떻게 만나는가?
고인을 추모하고 기억하는 4차원의 만남이다
그 제사상도 후손이 차린 것이 아니다. 조상이 차려 준 것이다
생전에 가르치고 홀로서기 시켜 주고 돈을 남겼기 때문이다
과거와 현재는 인과율因果律이 적용된다. 가문도 마찬가지
3차원은 우리가 사는 보이는 현재공간

4차원은 보이지 않는 미래의 자손과 과거의 조상이 있는 공간
3, 4차원의 이들은 서로 가족이면서도 만날 수 없다? 아니다!
만날 방법이 있다. 차원이 올라가든지 내려오든지…

보험금으로 받은 돈은 3차원에서 쓰여진다
자녀가 보험금의 의미와 보험금에 쓴 마음을 이해하고 느낀 순간
아버지가 있는 4차원으로 확~올라간다. 그리고 서로 상봉한다
보험금을 통해 내려오고 올라가는 것이다
이렇게 보험은 통로가 된다. 가문의 통로, 축복의 통로!
자녀는 고인이 여전히 존재하고 있음을 확실히 알기에
장례식장에서 결코 서러움의 눈물을 흘리지 않는다
단지 아버지가 3차원에서만 사라졌을 뿐,
축구 경기장에서 교체되거나 퇴장당한 것일 뿐,
4차원의 관중석에 올라가 여전히 감독으로서
무전기로 작전지시를 하고 있기 때문이다
그 무전기가 바로 당신이 설계한 보험금이다
사람은 살아 있다고 산 것이 아니오, 죽었다고 죽는 것이 아니다
3차원에서 죽고 4차원에서 보험금으로 부활해야 한다
이 보험금은 어릴 적 동화책에서 읽었던 하늘에서 내려온 동아줄이다
썩은 동아줄도 아니다, 얇디얇은 동아줄도 아니다
튼튼하고 견고한 번지점프도 가능한 동아줄이다
이 동아줄을 타고 4차원으로 올라간 자녀는
3차원에서 신체적으로 사망했지만 4차원에서 부활한 아버지를 만나고

아버지의 존재를 명확히 인식한 후 다시 3차원으로 내려와서도
여전히 아버지를 계속 느끼고 체험하는 것이다

사형선고를 받아 놓은 사형수는 살아도 사는 것이 아니다
사형선고를 받아 놓은 환자도 살아도 사는 것이 아니다
감옥 안에 있으나 밖에 있으나 똑같은 사형수다
이 세상 모든 사람들은 감옥 밖의 사형수다
어차피 시한부다. 다 죽는다. 그래서 허무하다
허무하니까 사라지지 않으려고 '송덕비'를 세운다
하지만 3차원에서는 비석도 세월이 가면 없어지는데…

지금 보험을 가입한 아버지는 죽지만 산다
지금 보험이 없는 아버지는 죽으면 끝이다. 영원히 죽는다
보험인 당신은 영원히 사는 방법, 즉 영생을 팔고 있는 것이다
이제 허무하지 않다. 나의 부모님은 사망하신 것이 아니다
돌아가신 것이 맞다. 4차원으로 돌아가신 것이다
인생은 태어나 죽는 것이 아니다. 왔다 가는 것이다
4차원에서 와서 3차원에 잠시 살다가 4차원으로 가신 것이다
게다가 돈까지 왔다갔다~한다
돈만 오는 것이 아니다. 의미와 사랑까지 싹~다~온다
그 사랑은 혼이다. 혼은 실체다. 아버지의 실체 그 자체가 오는 것
이제 깨닫는다. 아버지의 사망이란 장기출장일 뿐이란 것을

대한민국 곳곳에 고속도로가 시원하게 뚫린 이후로
곳곳에 돈이 들어가고 사람도 들어가면서 발전했다
미래로 송금하는 방법은 연금이고
죽어서 가족에게 송금할 방법은 사망보험이다

아~보험은 운송도구이구나!

3차원에 4차원을 선물하다

천국은 하늘나라에 있는 것일까?
여러 사람이 예수에게 천국이 어디 있느냐고 물었습니다
예수는 이렇게 대답합니다

"천국이 여기 있다 또는 저기 있다 하지 마라
천국은 바로 네 속에 있다" _ 누가복음 17장 20절

'네' 속에 있다? 여기서 '네' 라는 것은 네 가슴속, 네 마음속이다
아~천국과 극락은 하늘나라에 있는 것이 아니구나~!
4차원의 천국은 마음속에 있는 것이구나~!
구원받은 상태가 바로 천국인 것이다
마음속에 천국이 있는 사람과 없는 사람은 다른 사람이다
극락에 가면 행복과 기쁨이 넘치는 세계일까?
괴로움이 떨어진off 상태, 고통이 사라져 버린 곳

아~멀리 있는 곳이 아니구나~
3차원이 4차원과 결혼하면 되는구나~
아~보험人은 3차원에 4차원을 선물하는 사람이구나~

연습문제

돈이 의미를 가지면 의미 그 자체가 된다
마치 트로이 목마와 같은 것

돈 + 꿈 = 꿈이 있는 돈 _ 꿈의 실현
돈 + 의미 = 의미 있는 돈 _ 의미의 실현
돈 + 가치 = 가치 있는 돈 _ 가치의 실현
돈 + 의도 = 의도가 있는 돈 _ 의도의 실현, 뇌물
돈 + 마음 = 마음이 들어 있는 돈 _ 마음의 실현(축의금, 부의금)
돈 + 노후계획 = 노후계획을 실현할 돈,
　　　　　　　　노후로 송금할 돈. 연금
돈 + 보장계획 = 보장계획을 실현할 돈
　　　　　　　　죽어서 살아 있는 가족에게 송금할 돈. 보험

4차원의 공간에 있으면서도
3차원의 가족들을 결코 떠나지 않으려고 하는 돈
지켜 주려고 하는 돈. 그 돈들을 통해서…
미친 사랑의 노래!
가족들을 감격으로 숨 막히게 할 돈!

보험人은 국민가수

노래는 이미 작곡되어 있고 당신은 가수다
당신은 작곡자 겸 가수가 아니다
당신이 새로운 노래를 만들어 내야 하는 것이 아니다
편곡하지 말고, 왜곡하지도 말고, 단지 추임새만 넣고
작곡자의 마음과 기획의도에 충실한 온몸으로 열창하는 가수다

이 노래는 국민 모두가 애창해야 할 사랑의 노래다
이 노래는 어려운 노래가 아닌 이미 알고 있었지만
끝까지 알지 못하기에 조각조각 부른 노래다
이 노래는 노래책에는 없다. 마음속에 있다
마음속으로부터 끄집어내야 하는 노래다
다만 누군가가 선창하면 함께 따라 합창이 되는 노래
작곡자는 가족을 보호하고 싶어하는 과거의 마음들이다
그 마음들은 지금도 존재하며 자신들의 노래가
수많은 보험人을 통해 불려져 퍼져 나가길 바란다
지금도 이 국민가요를 구성지게 불러 줄 국민가수를 찾고 있다
가수인 당신이 이 노래를 부르지 않고 엉뚱한 노래만 부른다면
무척이나 슬퍼할 것이고 마음을 옮겨 무대에서 내려오게 할 것이다
보험人이 원곡에 충실하고자 자신의 마음의 자리를 내어 주면

그 마음속으로 들어가 그를 대신해서 지인들에게 직접 설명한다
보험人은 이렇게 생각한다
'오늘따라 말이 왜 이렇게 잘 나오지?
같은 이야기를 해도 더 감동적인 것 같은데'

그렇다!
작곡자의 마음이 당신 안에 들어가면 마음이 충만해지고
그 충만해진 마음들이 당신의 입을 빌려 대신 말하는 것
당신은 혼자가 아닌 과거의 마음과 연합된 '마음 연합군' 이다
이젠 외롭지 않다. 함께 식사할 동료를 찾지 않아도 된다
혼자서 길을 걷다가도 중얼중얼, 고개를 끄덕끄덕…
이런 모습을 본 주변 동료들은 Ship이 충만하다고 할 것이다
원래 충만한 것이 아니라 충만해진 것이다
작곡자의 마음을 Ship이라고 부른다
충만해진 Ship에 다른 마음이 비집고 들어가면 어떻게 될까?

먼저 당신에게 노래가 있는가?

함께 부를 노래인가?

악보가 준비되었는가?

연습은 되었나?

노래를 부르려면 어떻게 해야 하나?

혼이 들어갔나?

과연 Good News인가?

선택하라! 당신은 보험人인가, 금융인인가?

보험人의 관점

한국 사회는 모른 체 한다
철저히 산 자의 시각, 산 자의 삶에 모든 포커스를 맞춘다
드라마를 보면, 병원에 입원한 지 얼마 후에 반드시 퇴원한다
병은 반드시 낫는 것이라고 암시한다
총에 맞고 피를 흘려도 쇼크를 일으키지 않는다
출연자는 항상 건강하고 늙지 않는다
대부분 해피엔딩행복결말이다. 하지만 그것은 그림이고 연출일 뿐이다

보험人은 가장의 죽음을 단순하게 보지 않는다
부모로서, 배우자로서, 수입원으로서 3가지 형태로 구분한다
이 중 가장 심각한 타격을 주는 것이 바로 '역할 죽음'이다
이 '역할 죽음'은 생전에 맡은 역할이 많을수록
수많은 '역할 장례식'을 계속해서 치르게 만든다
반대로 역할이 거의 없었던 구성원의 죽음은
반려동물의 역할이 그렇듯 정신적 영역에만 한정되므로
현재 생활에는 아무런 영향이 없는 것이다

국가적인 문제

아이를 안 낳으면 심각한 문제가 생긴다.

아이를 많이 낳는 가정이 애국자요, 독립투사다
산부인과, 육아용품 관련업체는 문을 닫는다
학교 앞 떡볶이 장사도, 문방구 아줌마도 사라진다
군대를 유지하기 어려워 용병 혹은 중년병, 노년병이 생긴다
태권도장이 사라지면 국가사업이 된다
판소리 계승자가 없으면 국가사업이 된다
외국인 노동자가 없으면 물가가 폭등한다
이런 분들이 있어줘서 고맙다. 감사하다
우리가 흔히들 잊고 사는 분들이 있다

환경미화원이 없으면............ 누가 청소해요?
119 소방대원이 없으면.......... 누가 구조해요?
간호사, 의사가 없으면........... 누가 치료해요?
교사가 없으면..................... 누가 우리 아이를 가르쳐요?
공무원이 없으면................... 누가 나랏일을 해요?
군인이 없으면..................... 누가 나라를 지켜요?
경찰이 없으면..................... 누가 범인을 잡아요?

국가, 사회적으로 꼭 필요한 공익을 추구하는 직업들이다
누군가는 그 일을 맡아 주어야 모두가 편하다
아무도 맡지 않으면 병역의무처럼 의무가 된다
공익관련 종사자가 생계에 시달리면
지원자가 사라지고 비리를 저지르게 된다
이런 상황에서는 국가는 수입을 보조해서라도 그 일을 유지해야 한다
그 수단이 바로 공적연금제도이다
기업이 복리후생제도를 운영하는 이유도 마찬가지

경제가 어려워지면 공익관련 직종이 뜬다
박봉에도 '철밥통' 이고 최소한 노후 걱정은 없기 때문이다
그렇다! 이것이 재무설계의 핵심이다
월급보다 월급의 안정성이, 노후문제 해결이 중요한 것이다
그런데 어느 날 날벼락같이 국가재정 부족을 이유로
공무원연금 개정안이 통과되고 월급의 소폭인상을 전제로
스스로 알아서 보장과 노후 문제를 해결하라고 한다면…
재정안정의 핵심이 빠진 직업을 아무도 거들떠보지 않게 된다
그래서 국가에서 바닥난 연금재정을 보조해 주는 것

국가를 대신代身하는 일

공무원이 아니라면, 교사가 아니라면...
공무원연금처럼, 교원연금처럼 설계해 놓으면 되는 것
그들에게 술값을 내며 으시대지 말고
밥 살 돈으로 연금보험 들고, 보장성 보험을 잘 들어 놓으면 된다
국가에서는 국민연금, 건강보험 등 공적보험을 만들었다
꼭 필요하니까 만든 것이다. 할 일이 없어 만든 것이 아니다
가입해야 하고, 보험인인 당신은 공적보험과 협조하고 동업하라
국민연금 광고를 보았는가? 비록 '소액이지만 기본입니다' 라는 말
나오는 금액이 적다면 더 들어야지... 부족금액도 계산해 봐야지...
국가에서 제대로, 모두에게 돈을 주려면 일이 커진다

1단계. 공청회를 열고 TF _ 태스크 포스를 구성한다
2단계. 국회에서 법을 만든다. '국민재정 안정법'
3단계. 정부 부처를 신설한다. '가계재정 안정부'
4단계. 공무원을 대폭 충원한다. '1만 명 추가 모집'

그 공무원을 가르치느라 공무원 연수원에서 엄청난 시간과 인력,
교육비를 쏟아 부어야 한다. 물론 고용은 창출되겠지만...
결국, 세금이 폭등하고 그 부담을 모두 국민이 지게 된다

이 일에 국가를 대신하여 보험회사가,
공무원을 대신하여 보험人이 대신하는 것이다
당신이 공무원이다. 애국자다. 경제독립투사다

당신이 이 일을 수행했던 그 시간들을 결코 잊지 않겠습니다
정말 고맙습니다. 정말 감사합니다
이 어려운 일을 기꺼이 맡아 주셔서...
당신을 믿어 준 분들 때문에 그만두지도 못하고...

보험인의 역할론(論)

대한민국은 자본주의 사회다
모든 가치가 돈으로 환산되어 유통된다
월급을 돈으로 받는다. 쌀로 받는 것이 아니다
돈으로 생활하고 학비를 내고 마음을 전한다
다 돈이다. 이 돈을 모르면 안 된다. 알고 대비해야 한다
돈은 전기다. 공급이 되어야 하고 끊어지면 아무것도 안 된다
그래서 전력공급사업을 국가 기간산업이라 하는 것이다
철도, 수도, 항만, 공항, 방송 등을 왜 국가가 관리하겠는가?
중요하기 때문이다. 아무에게나 맡길 수 없기 때문이다
전쟁이 나도 이곳부터 지켜야 하고 끝까지 사수해야 한다

가정의 기간산업은 2가지!
하나는 가장의 수입을 일으키는 '전력사업' 이고,
또 하나는 가장의 수입을 지키는 '국방사업' 이다
대통령을 정부가 돕듯, 보험인은 가정의 경제대통령인 가장을 돕는다
인천상륙작전의 목적은 적의 보급로 차단이었다
작전의 성공으로 적은 독 안의 든 쥐가 되었고
아군은 승기를 잡았으며 맥아더 장군은 영웅이 되었다
가장은 맥아더이고 보험인은 작전참모다

작전참모도, 군함도 없이 파이프를 문 맥아더를 생각해보자
그런 가장도 생각해보자

돈은 집전, 용전, 수전의 3단계를 거친다
대부분이 집전 단계에 실패하여 용전, 수전까지 못 간다
단기저축에 집착하기 때문이다. 단기저축의 처방은 장기저축 뿐이다
장기저축은 보험이다. 그래서 보험이 답이다
용전用錢 단계에서는 비과세가 답이다, 보험이 비과세다
수전守錢 단계에서는 뛰어난 집전 방식인 보험이 또 답이다
돈은 혈액이다. 불행이란 적敵은 세균이 혈액을 타고 다니듯
돈을 통해 들어와 재무상태를 엉망으로 만들어 버린다
미리 예방도 하고 치료도 해야 한다
보험은 돈의 약이다. 평상시 보약이고 비상시 치료제다
보험人은 의사이고 보험을 재료로 처방한다
약도 잘못 처방하면 독이 된다. 의사 잘 만나는 것도 복이 된다
평상시 소액의 보험료를 내고 비상시 대박을 터뜨려야 한다
아니면 경제적으로 죽는다
보험人은 명의다. 명의는 환자가 알아보고 몰린다.
명의는 마음의 허가증을 받아야 한다
그게 바로 Ship이고 보험人의 철학이다

돈의 습성習性

돈은 3차원, 마음과 가치는 4차원
3차원은 4차원을 섬기는 종, 4차원은 3차원을 지배하는 주인이다
돈이 혈액이라면 돈의 가치는 혈관이다
영양분을 담은 혈액은 스스로 움직일 수 없다
반드시 혈관의 안내를 받아야 한다
돈도 가치에 따라 움직여야 비로소 진가를 발휘한다
돈은 가치에 지배당해야 한다. 우선순위가 바뀌면 안 된다
가격이 싸다, 비싸다의 기준도 가치가 있느냐, 없느냐 이고
가격은 가치평가의 결과물이다
현재가치보다 미래가치가 높으면 가치투자가 된다
돈이 가치에 종속되지 않으면 감정이 주관한다
감정은 철저히 현재형이다. 현재의 종이 되어
오욕칠정五慾七情을 위해 쓰여지게 된다

다섯 가지 욕심 _ 수면욕, 식욕, 색욕, 명예욕, 재물욕
일곱 가지 감정 _ 희(喜), 노(怒), 애(哀), 락(樂), 미움(惡), 욕망(欲), 사랑(愛)

돈은 통제되어야 할 물, 혈액, 에너지와 같다
가치를 잃은 돈은 방황하다가 엉뚱한 문제를 일으킨다

잘 쓰면 약이요 선한 돈, 잘못 쓰면 독이 된다
관리되지 않은 돈은 사람을 죽이고 협박하고 농락한다
자살, 이혼, 파산, 살인, 강도, 절도 등의 근본 원인이 된다
돈에 욕심을 내는 것도 죄지만,
돈 결핍을 방치한 죄도 용서받지 못한다

생계형 자살, 생계형 이혼, 생계형 파산, 생계형 살인, 절도...

재무설계는 이 돈의 올바른 쓰임을 유도하는 일이고
지식을 뛰어넘은 지혜의 영역에서 이루어져야 한다
돈을 불려 주는 재테크는 아주 일부분이고
돈을 가치 있게 만들어 주는 것이 첫 번째 우선순위인 것이다
재무설계사는 지혜롭고 현명해야 한다
지혜는 마음의 영역이고 4차원의 영역이다
가치판단을 해야 하기에 고객과 깊은 대화를 통해
그가 추구하는 삶의 목표를 확인하고 방향을 이해해야 한다
그래서 프로세스가 필요한 것이다

소득의 막대기

소득의 막대기를 세워 보자
소득 중간지점 이하로 내려간 돈은 주인을 농락한다
중간 아래쪽으로 내려갈수록 농락의 강도는 더욱 거세진다
임산부의 배를 차고, 인민재판으로 총살시키는 요덕수용소가 된다
구덩이에 파묻고 돌을 던지는 마치 이슬람식으로 몰아간다
일의 목적이 자아실현이 아닌 대출이자를 갚기 위한 것이 되고
채워지지 않는 마이너스 통장을 쓴다. 끌려 다니고 자유가 없다
이 구간은 먹고사는 것이고 죽지 못해 사는 것이 된다
노예의 삶을 살며 가난을 대물림하는 악순환의 구간이다

현 금융시스템을 이해해야 한다
정상적인 직업을 가진 사람은 대출한도가 높고 금리도 싸다
하지만 그 반대라면 천사의 얼굴이 사채업자로 돌변한다
대출을 한 달이라도 연체해보라. 어떻게 되는지
정상이자가 연체이자로 돌변하고 대출상환의 초읽기가 시작된다
바둑의 프로기사라도 초읽기에 몰리면 제정신이 아니다
자칫 신용카드를 잠시 잘못 쓰면 전 금융기관에 통보되어
카드 돌려막기도 어렵다. 아무것도 할 수 없게 된다
신용불량자가 되면 곧바로 대출을 회수해버리고 취직도 못 한다

프로 레슬링 기술 중 '코브라 트위스트'를 아는가?
이 코브라 트위스트에 걸리면 아무리 실력 있는 선수라도
항복을 의미하는 수건을 링에 던지고 게임은 끝나 버린다
권투의 KO패요 야구의 콜드게임 패와 같다

흑자도산이란 말을 아는가? 단 한 번의 유동성 위기로 부도나는 것
부모의 부도로 교육기회를 놓쳐 버린 자녀의 울부짖는 소리
주변을 보자. 함께 식사하고 음식값을 현금으로 내는 사람이 있다
핸드폰이 오면 급하게 꺼 버린다
돈이 많아서 내는 것이 아니다. 카드가 중지된 것이다
사업상 전화가 아니라 연체안내, 독촉전화다
만나는 사람마다 돈을 꾸고, 새로 꾼 돈으로 갚으면서
금융기관 뿐만 아니라 가족, 친구 모두에게 피해를 입힌다
돈이 주인이 되어 끌고 다니는 것이다
어제까지 종놈이었던 그 돈이 완장을 차고 나타나
안방에 있던 주인을 끄집어내고 골방에 감금해 놓고
틈만 나면 주먹으로 때리고 발로 차고 못 살게 굴고
모든 관계를 다 끊어 놓는 것이다. 한 순간의 잘못 때문이었다
한 순간의 선택으로 북으로 넘어가 '**주홍글씨**'가 새겨진 것이다
사업을 시작할 때 집 담보대출은 무척이나 위험하다
현금 유동성이 막히면 집은 넘어가고 이사를 가야 한다
신용불량자가 되어 사업을 할 수 없으면 부인을 대표로 한다
그러다 부인까지 신용불량자가 되면 아무런 통장도 쓸 수 없다

마지막으로 자녀통장과 카드를 쓰다 가족 모두 신용불량자가 된다
나이는 자꾸 들어가고 잠이 안 온다. 잠이 안 오니 술을 마신다
그러다 아침에 잠이 들고 자녀는 잠든 부모의 모습만을 본다
휴식과 안정의 공간이 되어야 할 가정은 그야말로 지옥이 된다
이것이 바로 코브라 트위스트 상태. 빠져 나올 방법이 없다
패자 부활전도 없는 삶이 죽는 날까지 계속되고, 노숙자가 되고
위장 이혼이 '진짜 이혼'이 되고 가족은 뿔뿔이 흩어진다

반면, 소득 중위 이상으로 가면 돈은 아주 얌전하고 공손하다
하인이 되고 주인을 위해 평생을 희생하는 집사가 된다
금융기관에서는 금리를 우대하고 대출을 권한다
'Money works', 즉 돈이 대신 일하고 밥하고 빨래도 한다
이것이 돈의 진짜 존재이유다
돈은 종놈이고 종놈은 다스려야지 숭배해선 안 된다
방심하면 종놈이 주인행세를 하고 안방을 차지한다
욕심이 화를 부른다. 무리하게 이기려다 자충수를 둔 결과를 보자

북한과 포르투갈 월드컵 경기결과.................. 0 대 7 !

수준水準 높은 가장

주식투자에서 벌지 못해도 본전이면 손해는 아니다
불행이란 놈은 그것을 손해라고 자꾸 속삭인다
가장 중요한 것은 잃지 않는 것이다. '손.절.매' 가 가장 중요하다
주식투자에서 돈을 벌지 못 벌지는 신의 영역이다
이 신의 영역에 도전하는 사람이 너무도 많다
종목을 찍어 주고 돈 버는 사람이 있다
그렇게 잘 맞으면 본인이 하지 왜 그렇게 해서 돈을 벌까?
부동산투자 전문가도, 기획부동산 업자도 마찬가지
신의 영역에 도전했던 자는 지금 어디에 가 있는가?
대중을 잘못 이끌었던 사람들은 도대체 지금 왜 조용한가?
아마 신의 벌을 달게 받고 있을지 모른다
우리의 직장생활과 수명이 짧고 굵을지, 가늘고 길지
우리의 미래에 불행이 닥칠지 피해 갈지는 아무도 모른다
미래는 장담할 수 없고 최소화 할 수 있을 뿐
불행도 '손.절.매' 해야 한다
불행 손절매란? 해수욕장의 '생명선' 이고 고속도로의 차선이며
마지노선으로 이 마지노선의 의미는 이 마지노선 이하로는

'절대 손해 보지 않겠다. 불행하지 않겠다'

'이 선까지만 손해 보겠다. 이 선을 넘어서지 않겠다'
'이 선까지는 안전하다. 책임진다' 는 뜻

마지노선이란? 믿는 구석이고, 믿는 구석이 있어야 일을 저지르고
추진할 수 있다. 또한 정부의 최저생계비 보장, 기초노령연금 같은
복지정책과 개인이 준비하는 보험이 마지노선이고 '불행 손절매' 다
문제는 이 마지노선을 어느 수준으로 할 것인가가 중요하다
국가의 수준이고 가장의 수준이기 때문이다

수준 낮은 가장이 될 것인가, 수준 높은 가장이 될 것인가?

유태인의 상속법을 생각해보면
현 세대가 다음 세대에게 최대한의 마지노선을 선물하는 것이다
우리도 최대한의 보장자산을 구입하여 다음 세대에서 넘겨 줌으로
가문의 마지노선을 계속해서 올려야 한다
이 마지노선을 높이는 일을 조상들이 하지 않았기에
현재가 그 모양이 된 것. 좀 더 깊게 들어가 보자
보험에 가입한 사람과 가입하지 않은 사람 중 누가 수준 높은가?
어떤 방식이 훌륭한 방식인가?
좀 더 높은 보장자산을 소유하고자 하는 사람과
저급한 수준에 만족하는 사람 중 누가 멋진 가장인가?
현재를 버리고 미래를 선택한 사람이 훌륭하고,
생.로.병.사.를 이해하는 가장이 더 사려 깊은 것이다

수준이 낮으면 보험을 결코 이해할 수 없다
이해하는 사람이 보험을 더 많이 보유하려고 할 것이다
이해하지 못한 재무설계사도 결코 고능률이 될 수 없다
이해도가 높으면 고능률이요, 낮으면 저능률이다
팔지 말고 먼저 이해한 후 이해한 그대로 이해시켜야 한다
불완전 판매율이 높아졌다는 것은 완전 판매율이 하락했다는 것
완전판매란 이해하고 팔았고, 이해하고 가입했다는 이야기다

보험은 살아 움직이는 사람의 마음이고 물이다
물은 영하에서 얼음이 된다. 온도가 높아야 물이 된다
100도가 넘으면 에너지를 얻고 훨훨 날아 오른다
보험이 살아 숨 쉬도록 환경만 조성되면 폭발한다
당신의 보험일도 폭발한다. 당신이 이해한 만큼 지인들은 보장을
더 구입했을 것이고 당신의 통장에도 돈이 쌓일 것이다
하루종일 수수료 명세서만 보고 있으면 돈이 모이는가?
보험이 돈을 줄까? 그렇지 않다
보험 그 자체의 의미와 가치를 설명하고 이해시켜라
보험은 자신의 가치를 실현하고 싶어한다
보험이 힘을 얻고 생명력을 얻게 하자
그러면 보험은 당신에게 돈을 줄 것이다

가장의 수입收入을 보호하라

두려움의 근본의식은 무엇일까? 수입중단 사태인 것
수입, 즉 현금흐름이 중단되는 것이 가장 두렵다
월급은 보호돼야 하고 수입주머니는 확보돼야 한다
길게는 다가오는 노후가, 교육결혼자금이 걱정이다
당장의 걱정은 병원 가서 암진단이라도 받으면 어떻게 하지,
회사에서 짤리면 어떻게 하지 등 이런 것이다
대출을 받았던 힘은 매달 나오는 월급 때문이었다
목돈을 만들려는 이유도 미래의 현금흐름을 위한 것이다
중요한 것은 '현금흐름'이고 보험은 이 현금흐름을
확정시키고 보험人은 보험이 제 역할을 할 수 있도록 만든다

**자동차보험과 화재보험, 국민연금, 공무원연금
건강보험, 실업보험, 그리고 회사 복리후생제도**

이것들도 다~현금흐름을 만들고 지키고 보완하려는 것이다
선택이 아니고 강제제도이기에 마지막까지 남는 것이다
현금흐름만큼은 절대 양보해선 안 된다
차량의 에어백과 안전벨트 착용은 법률로서 강제한다
하지만 이것들보다 더 중요하면서도 보장되지 않는 것이 있다

바로 가장의 수입이다. 하지만 수입확보 대책은 마련되지 않고 있다
가장의 수입이 보호되지 않는다면 독신이 아닌 이상
그로 인해 2차, 3차, 4차의 사회문제가 발생되고,
시간이 갈수록 국가적인 문제로 발전하는 것이다
예를 들어, 늦은 결혼과 저출산 문제와 같은 것이다
직업이 없는 상태에서 건강한 남녀의 결혼은 미뤄진다
수입이 보장되지 않은 상태에서는 아이를 낳지 않는다
직장을 찾을 때 4대보험이 되는지 안 되는지가 중요하지 않는가?
급여가 적더라도 보장된 곳을 가고 싶어 한다
회사에서 치안이 불안정한 해외지사로 가서 근무하라고 한다면
어떻게 할까? 바로 사표를 낼 것이다
보장에 대한 관념이 없는 배우자를 누가 선택하려 할 것인가?
결혼정보 업체의 가입조건에 보험가입 여부가 포함되어야 하고
직원을 뽑는 기준에 보험가입 여부가 관건이 되어야 하지 않을까?

대한민국은 보험의 중요성을 너무도 모른다
세계 8위의 보험대국이면서도, 그 비싼 돈을 내면서도
보험의 가치와 보험人의 사회적, 국가적 중요성은 무시된다
저출산과 자살의 가장 근본적인 문제는 돈이다
이 돈 관리를 담당한 보험人이 없다면
대한민국의 복지예산은 기하 급수적으로 증가하게 될 것이고
가장 불확실한 사회로 변하게 될 것이다

야구선수 L씨는 40대 여인과 딸들을 살해한 후 자살했다
사람을 죽였으면 감옥에 가고 대가를 치러야 한다
하지만 처벌대상 자체가 사라지면 처벌할 방법이 없다
최악의 사태는 바로 가장의 경제적 사망사건이다
칠레의 지진발생이 문제가 아니라 더 큰 문제는 바로 쓰나미
인생의 쓰나미는 가장의 사망 후 발생하는 경제문제다
산업혁명 이후 월급의존도의 급증은 보험의 필요성을 증대시켰다

예비신부는 신랑감의 직업을 먼저 본다
좋은 직업은 많은 소득 보단 좋은 현금흐름을 가진 직업이다
직업이 없더라도 자산소득은 결혼조건이 된다
결혼은 현실이요 생활이므로 생활비는 결혼조건이 된다
생활비에 문제가 생기면 안 된다
훌륭한 가장은 생활비를 확보하는 것이고
가장 나쁜 가장은 생활비를 지키지 못한 가장이다
이 책임을 망각한 가장은 가장으로서의 자격이 없다
생활비 확보는 가.장.면.허.증 Marriage License인 것이다
책임보험을 가입하지 않은 운전자가 자격이 없는 것처럼
책임감으로 인해 발생하는 감정은 죄.책.감.이다

최소한 가장으로서 가족에게 생활비의 안정감을 주어야 한다
그것이 거창한 생일케익과 사랑고백보다 가장 현실적이다
'오늘도 무사히' 라고 적힌 소녀가 기도하는 카드를 본 적이 있는가?

그것이 바로 당신의 아내와 자녀의 기도라는 것을 왜 모르는가?
매년 20만 명의 교통고아가 발생하고 매일 39명이 자살한다
이런 현실 속에서 보험금을 탄 가족은 생활에 아무런 문제가 없다

티가 나지 않는다!

보험금을 타지 못한 가족은 같은 공간에서 사라지므로
누구도 준비해야 한다고 느끼지 못한다
필요하다고 말해 줄 사람은 오직 보험人 뿐이다
혼인신고를 하게 된 순간 전업주부는 가장의 제1부채로 변한다
매달 한치의 오차 없이 생활비를 지급해야 하기 때문이다
아내에게 주는 생활비는 사랑이 아니라 책임이다
마찬가지로 자신의 지인에 대해 죄책감을 가진 자가 보험人이다
당신이 이 일을 맡지 않았다면, 지인들이 다른 보험人을 만났다면,
그 보험人이 제대로 된 사람이었다면,
지인과 그 가정의 운명이 획기적으로 바뀌었을 텐데…
재수 없게 당신을 만나 팔자 고칠 기회를 잃어버리면 어찌하겠는가?
정신을 바짝 차려야 한다
그런 책임감 없는 가짜를 어찌해야 할까?

보험人 그 존재存在의 이유

어떤 일이든 지속적으로 존재할 근거는 사회적 가치다
이 가치는 종사자의 철학과 자부심의 원천이 되고
가치가 사라져 존재이유를 상실하면 그 직업은 자연스럽게 소멸한다
사행심을 조장하는 로또와 카지노는 심각한 폐해에도 불구하고
존재할 수 있는 것은 그나마 존재근거가 있기 때문이다
수익금의 일부가 공익사업을 돕는다는 것
한 로또 판매업소의 광고문구를 좀 보자

'로또 외엔 방법 없다'

이 광고를 보고 마음의 동요를 일으킬 사람은 누구일까?
로또는 부자가 살까, 아니면 돈 문제로 고통받는 사람이 살까?
로또 외엔 방법이 없는 사람은 과연 누구일까?
보험人이 외면했던 사람들 중 하나,
보험人을 외면했거나 거부했던 사람들 중 하나,
즉, 보험으로 해결할 기회를 놓친 사람일 것이다
결국 3층 보장의 가장 아랫단계인 기초생활수급자가 된 자는
정부의 도움에만 기대야 한다. 대한민국 사회를 보자
중장년의 머릿속은 그들의 빈 지갑, 빈 창고와 같다

가격 한계점을 초과해버린 주택가격과 가격의 꼭지점에서
막차를 탄 채 교육비와 대출이자에 울부짖는 소리
베이비붐 세대에 속한 친구의 방문은 단순한 방문이 아니다
돈과 관련된 방문일 가능성이 높다

자녀이야기 묻지 마라. 돈 문제다
집값 묻지 마라. 대출이자 문제다
노후준비 묻지 마라. 성질 낸다
그들의 부인에게 남편의 직업 묻지 마라. 무직이다
남편이 지금 어디에 다니냐고 묻지 마라. 집에 있다

부동산마저 붕괴된다면 아이티 난민이 된다
지금 내고 있는 대출이자는 사실 자산을 만들고 노후를 대비해야
할 피 같은 돈이다. 국민들의 막힌 심정을 읽어주고 위로해주며
보장자산과 연금자산을 쌓도록 인도해야 할 세르파가 금융인이다
하지만 머릿속은 이미 온통 실적만 가득하다
그래서 제대로 된 보험人의 영혼이 필요하다
보험으로 국민들에게 역전의 히든카드를 만들어 줘야 한다
국민들을 응원해 줘야 한다. 함께 마음을 모으고 문제가 되기 전,
대책을 마련하고 인생을 힘차게 살도록 해줘야 한다
돈을 모으기 전에 먼저 마음의 부자가 되도록
보험人은 돈 결핍증 환자를 치료하는 의사가 되어야 한다
지인들의 통장 내역을 확인하다 보면

기본적으로 금융자산의 축적이 부족하고
보장 내역을 분석하면 중복되거나 부족한 사실을 발견케 된다

젊은이들에게 부족한 것은 철학과 가치관이다
머릿속은 오로지 재테크 궁리로 꽉 차 있지만
막상 돈을 벌면 어떻게 모으고 불려야 할지,
생애필요자금을 어떻게 준비해야 할지 모른 채 그저 '열심히' 산다
그러다 해결책이 없으면 자살을 한다. 하루에 39명씩!
현 직장에서 도저히 가망이 없어 이직하는 회사원처럼
생의 의지를 또 다른 세상을 동경함으로 표출하고 있는 것
돈을 모으고 올바로 쓰는 돈의 철학은 부모에게서 전수받는다
부모가 멘토가 되고 모델이 되는 것이다
재벌 2세가 3세 되고, 3세가 4세가 되는 시대다
돈 공부를 시켜 주는 교육기관은 없다
이 부모의 돈 공부를 보험人이 시킨다

보험人의 수준은 대한민국 재무설계의 수준이고
보험人의 수준 향상 또한 대한민국의 수준 향상이며
보험人의 활동이 많아지면 사회가 안전해지고 불확실성이 사라진다
보험人은 사무실에 있지 않고 움직이는 이동은행이기 때문이다

국가는 가정들의 집합체이고 가정은 최소의 경제단위이며
각 가정이 모여 국가가 되고 국가를 세분하면 가정이 된다

가정이 국가이고 국가가 가정이다
가정을 돕는 것은 곧 국가를 돕는 것이다
보험은 어떤 정부정책보다 더 구체적이고 직접적이다
보험人은 대통령을 비롯한 정치인, 재정경제부장관, 사회사업가 등
어떤 직업보다 가정을 직접적으로 돕는다
보험人의 성공은 가정의 성공이요 국가의 성공이다
보험人은 정부 주요정책인 빈곤과 결핍해소를 돕는 경제독립투사요
경제적 안중근, 경제적 유관순 열사다
고객이 지원하는 수수료는 독립운동에 뒷돈을 대는 것으로
국민 편익에 기여하는 노고에 비하면 너무도 약소하다
보험人은 누구나 할 수도 아무나 해서도 안 되는 일이다

보험은 경부고속도로

경부고속도로의 개통은...
오늘날 대한민국의 초석이었다. 하지만 모르는 것이 있다
대한민국 발전에 보험이 어떤 역할을 해 왔는가 말이다
이상하지 않은가? 보험은 보장이 기본인데
저축성 보험부터 발전되어 왔다는 사실
저축은 은행에서 할 일이지 왜 저축성 보험이었을까?

우선 보험이 장기저축이라는 것을 상기하기 바란다
저축의 목적은 목돈마련이고 장기저축만이 큰돈을 만든다
그 장기저축 방식이 바로 저축성 보험인 것이다
이것은 경제개발 5개년 계획에 입각한 국가전략이었고
기간산업을 지원하기 위해 보험산업을 의도적으로 육성한 결과였다
보험에 축적된 돈은 단순한 돈이 아니라 조선소를 만들고
경부고속도로를 건설하는 데 쓰인 돈이었다
척박한 보험인식 속에서 일본 여성들이 전후 복구를 이끌었다면,
대한민국의 여성설계사는 국가산업에 기여했고
그 희생으로 오늘날 세계 8위의 보험대국을 만든 것이다
그 기틀이 없었다면 개인자산 축적과 기간산업 육성은 불가능했다
머리카락을 팔아서 살림을 꾸려 가던 어머니,

암탉이 울면 집안이 망한다던 구박을 참고 나온 어머니,
일본의 보험역사가 그러하듯 전쟁으로 남편을 잃고
홀로 자식을 키우며 생활전선으로 나왔던 어머니,
'보험 아줌마' 라고 불렸지만 사실 경제독립운동가, 산업역군이었고,
한국의 수많은 인재들을 유학 보내어 키워 낸 교육맘이었다
한마디로 당시 의식 있는 여성이었고 한가락 하던 인물이었다
가난을 개척하는 것보다 적응하는 것이 쉽다
개척자 정신을 가진 여성은 신여성이고 지식층이었다
그들의 면면을 살펴보면...

전직 교사, 운동선수, 타이피스트, 공무원 출신 등

우리가 알다시피 보험일은 지식과 지혜가 필요한 일이다
어떻게 '아줌마 영업' 이란 말을 함부로 할 수 있단 말인가
보험업을 전혀 이해하지 못하는 사람이 하는 말이다
이들이 없었다면 대한민국 보험산업은 발전할 수 없었다
대한민국의 경제력은 10위권, 하지만 보험은 8위다
보험이 대한민국 경제를 이끈 것이다
이들이 장기저축 문화를 이끌었고 그 혜택을 자식세대인
지금의 보험인들이 누리고 있는 것이다
그 '아줌마' 가 다름 아닌 우리의 어.머.니.다
경부고속도로를 건설하던 중 사망한 자를 위로하는 탑이 있다
금융고속도로를 건설하셨던 어머니들은 누가 위로해야 하는가?

수많은 고객들은 이 어머니들의 노고를 잊지 않고 있다
당시 오고 갔던 판촉물은 물건이 아니라, 정情이었고 사랑이었다
이 어머니들은 수준이 있었다. 격格도 있었다
그들은 보험의 가치를 제대로 이해하고 있었다
70대의 설계사의 한마디를 들어보라
"하나 들어 둬~든든해"

바로 이것이다. 너무나도 간단하고 명쾌하다
보험이 주는 평정심, 안심을 말하는 것이다
오늘날 우리가 발행하는 가입설계서, 재정설계서에 대한
프레젠테이션은 바로 이것이 되어야 한다
교육도 없고 프로세스도 없던 그 시절이라도 마음만은 진실했다
마음이 박사고 마음이 전문가였다
불과 이틀을 교육받고 활동하라고 한다면, 당신은 어떻게 하겠는가?
일부 직원들은 설계사에게 일본어를 강습받기도 했었다
이것이 함부로 범접할 수 없는, 위대한 보험人의 격格이다

보험人의 사회적 기여

음악과 예술, 디자인 분야에서 외국에서 공부한 사람들은
한국人의 수준을 높이 평가한다
한국문학이 제대로 번역되었다면 노벨상 수상자가 이미 무수히
쏟아져 나왔을 것이란 평가를 한다. 마음이 발달했고 혼이 발달한
민족이며 철학과 종교부문에서도 세계를 주도했던 민족이다
세계적인 첼리스트이자 지휘자인 장한나 씨는 음악감독으로
데뷔하면서 '축제'를 기획하고 있다

"연주에 그치지 않으려고 해요. 사회를 바꾸려고 해요
한국에서 축제를 열 건데, 음악 안에서 사람들이 하나 되는
의미 있는 시간이 될 거라고 말씀드렸죠"

음악으로 사회를 바꿀 수 있다는 믿음을 가지고 있는 그녀는
음악의 사회적 기여를 생각하고 있는 것이다
자신의 공연을 축제라고 표현하고 있다
그녀가 악기를 연주하는 모습과 오케스트라를 지휘하는 모습을
보고 있노라면 한국人의 혼이 느껴진다
그렇다. 모든 분야에서 한국人의 혼과 정신이 들어가야 한다
가장 '나' 다운 것이 가장 최고의 아름다움이듯이

가장 한국적인 것이 가장 세계적이고 독창적인 것이다

한국인은 4차원의 혼이 있는 민족이다
보험인도 마찬가지. 보험일도 가장 한국적이면 세계적인 것이다
음악, 예술, 디자인, 문학, 철학 등이 세계적이 된 이유는
한국인의 혼을 담을 수 있었기 때문이었다. 그렇다면 보험은 어떤가?
한국인의 장점을 가장 집약시킬 수 있는 것이 바로 보험이다
보험은 한민족의 얼을 응축시킨 홍.삼.농.축.액. 같은 것이다
잘 생각해보라. 한국인의 혼은 보험의 기본정신과 일맥상통한다
우리 마음이 보험의 마음이고, 우리 정신이 보험정신이다.
그저 보험으로 표현한 것일 뿐 그게 그거였다는 것이다

낙찰계라는 것이 있다
먼저 낙찰落札을 받은 사람이, 남은 액수를 앞으로 탈 사람에게,
분배해 주는 것이다. 보험이 그렇다. 불.행.낙.찰.계.다
사금융의 계는 깨질 염려가 있어, 제도화시킨 것이 보험이다
흔히 계를 드는 이유는, 쉽게 목돈을 만들 수 있기 때문이다
저축하면 되지 왜 계를 드는가? 저축만 가지곤 안 되니까
세계 최초의 사회복지제도가 무엇인지 아는가?
삼국 시대 고구려 고국천왕 때, 을파소가 제안한 진대법賑이다
가을 추수기에 각 지역에 창고를 세우고, 이듬해 봄에 곡식이
귀하여 백성들이 굶주리면, 그 곡식으로 살리는 빈민구휼 정책이다
이를 기반으로 창倉이 된 것이다

진賑은 흉년에 굶는 백성들에게 곡식을 나누어주는 것이고
대貸는 봄에 곡식을 빌려 주었다가 추수한 뒤 거두어들인다는 뜻

과거와 다른 점은 나라가 주체냐 민간기업이 주체냐 라는 차이
이런 정책이 시행된 사회적 배경은 '극심한 사회격변기'였다는 것
지금이 그렇다. 그래서 보험이 필요하다
진賑의 의미는 '넉넉하게' 나누어 준다는 뜻이다. 부족하지 않았다
결국 사회의 경제적 흐름이 잘못된 방향으로 왜곡되었을 때
넉넉하게 흐름을 바꿔 주기 위한 것이었다. 보험도 넉넉해야 한다
과거 조상들이 그러했듯 보험으로 개인과 가정을 구체적으로 바꿔
사회의 전반적인 흐름을 바꿀 수 있으므로 보험이 중요한 것이다
보험人이 그 역할을 다한다면 사회를 바꿀 수 있는 것이다

우리의 교육열은 유태인과 비교될 정도로 대단하다
이것은 세대와 세대, 가문을 바라보는 미래 시각이란 이야기다
미래를 미리 내다보고 우리의 자녀들을 해외로 내보내었고
그로 인해 수많은 글로벌 인재를 만들었다
우리가 지내는 제사의식은 과거와 현재의 소통이다
그동안 부족했던 것은 바로 미래와의 소통이다

유학비를 송금하려면 은행의 환전창구로 가야 하고
편지를 보내려면 우체국을 거쳐야 한다
미래로 돈을 보내려면 반드시 보험이란 통로를 거쳐야 한다

경부고속도로가 직선이 된 이유는, 터널을 뚫었기 때문이다
대한민국 국민 개인과 가정의 미래가 시원하게 뚫리려면,
보험으로 터널을 뚫어, 국민들을 미래로 내보내야 한다
비록 힘들고 어려워도 해야 한다
하지만 과거처럼 하면 안 되고 이젠 제대로 뚫어야 한다
.
.
.
반드시 그래야 한다

보험人은 성직자 聖職者

보험人은 보험 성직자다
보험人의 마음 안에 씨는 보험가치다
보험人의 몸은 씨를 담는 그릇이고
보험人의 복장은 성직자가 입는 성의 聖衣다

성직자는
매일 성경을 읽고 묵상하고 기도한다
그는 언덕 위 예배당에 있고 복음을 전파한다
복음을 메시지 형태로 전달한다
생계유지 이상의 품위를 위한 사례비를 받는다

보험 성직자도
보험의 가치를 음미하고 고객의 안녕을 기원한다
재무설계의 방향을 잡아 주고 가치를 표현한다
보험을 생활 속에서 느끼도록 이야기한다
생계유지 이상의 품위를 위한 수수료를 받는다

새로운 보험일의 정의定義

성공을 위해 보험일을 하는 것이 아니라
일을 하다 보니 성공한 것
학원이 있어 학생이 있는 것이 아니라
학생을 돕기 위해 학원이 존재하는 것
하지만 학생을 직접 돕는 사람은 강사!
학원은 철저히 강사의 지원조직이 되어야 학생을 돕는 것

국가와 사회의 존재가치는 최종적으로 가장을 돕는 것
보험회사 조직의 존재가치도 가장을 돕는 것
하지만 이 가장家長을 직접 돕는 사람은 보험人!
보험회사는 보험人의 지원조직이 되어야 가장을 돕는 것

잘못된 순서
_ 국가 〉회사 〉임원 〉지점장 〉매니저 〉보험人 〉가장

올바른 순서
_ 가장 〉보험人 〉매니저 〉지점장 〉임원 〉회사 〉국가

많은 사람들이 노래를 불렀다
그 노래는 입소문을 타고 동네 방방곡곡에 메아리쳤고
이젠 모든 사람의 입에서 불리는 노래가 되었다
노래는 조각조각 불렸지만
아무도 전체를 끝까지 부른 사람은 없었다
한 번만 더 부르자. 돌아설지 모른다
이제 친절을 팔지 말라. 시간낭비를 하지 말아라
보험 외에 다른 것을 팔며 빌어먹지 마라
당신이 만나는 지인들에게 남아 있는 시간은 그리 많지 않다
축복의 통로가 되어 주라
인생지도를 미리 그려 놓고 고민해주라
제발 좌절하지 말자. 그만두면 안 된다
이 기회를 놓치면 지인들이 준비할 기회가
영영 사라질지 모르지 않는가?

Chapter 3
마음으로 다가가기

앞으로 몇 세기 동안에

가장 중요하고 심각하게 다루게 될 주제는

정치, 교육, 종교, 과학, 스포츠도 아니오

가정이 이슈가 될 것이다

_ 찰스 스윈돌

아무나 만나지 마라

사람의 신체를 분석하면 원자구조로 되어 있다
원자와 원자를 분리하면 원자력, 즉 에너지가 나온다
원자와 원자를 결합시키면 더 큰 에너지가 나온다
물리학에서 말하는 우주의 근본은 바로 에너지!
그 에너지는 다름 아닌 우리의 생각과 마음!
마음을 쓰는 것은 에너지를 쓰는 것. 즉 마음은 에너지인 것
지인은 당신의 에너지를 보고, 느끼고, 맛본다
다시 말해서, 당신의 마음을 보고, 느끼고, 맛본다는 것
그 에너지가 전달되면, 그 에너지를 나눠 주면 증폭되는 것
나누는 것은 기부하는 것, 주면 더 받는 것이 세상의 법칙
'마음을 주는 것' 이 바로 보험人이 하는 일
괜찮은 보험人은 아무에게나 마음을 주지 않는다
지인이 그 마음을 받지 않으면, 상처를 입는다
그 마음을 더 소중히 여길 사람을 선별해야 하는 것이다.
나쁜 마음 받으면 큰일 난다. 그래서 아무나 만나면 안 되는 것

고객이란? 당신으로부터 선별된 사람, 당신이 마음을 줄 사람.
고객이 선택한 것이 아닌 오히려 당신이 선택하고 선별한 사람
마치 신부가 신랑감을 고르듯, 신랑이 신부를 고르듯...

실체實體로 만나라

지인의 구조 _ 몸 〈 의식 〈 마음, 즉 실체는 마음
재무설계사의 구조 _ 몸 〈 의식 〈 마음, 즉 실체는 마음
회사의 책상위치 _ 부장 〈 임원 〈 사장, 즉 결재권자는 사장

일번. 지인의 마음과 당신의 몸이 만난다 _ 헛수고
이번. 지인의 마음과 당신의 의식이 만난다 _ 지식자랑
삼번. 지인의 마음과 당신의 마음이 만난다 _ 친구

당신의 마음이, 또 지인의 마음이 준비되지 않았다면…
만나지 마라. 헛수고다. 에너지가 없지 않는가?
마음 자세가 안 되어 있으면, 프로세스를 시작하면 안 된다
그 만남은, 아무런 의미가 없다. 아무런 결실도 없다
마음과 마음이 만나지 않으면, 껍데기의 만남
마음과 마음이 만나면, 그것은 실체적 만남
당신의 마음부터 먼저 준비하고 이제 지인의 마음도 준비시킨 후,
마음으로 만나면, 단 한 번을 만나도, 고생하지 않아도 되는 것

엄마가 아이를 때려도, 엄마를 고소하는 아이는 없다
마음을 알기 때문이다

아무리 좋은 이야기라도, 의도를 모르면, 세일즈가 되는 것
당신의 진정성을, 당신의 고결한 소명의식을 발견하면
차별이 아닌, 구별된 보험인임을 알게 되면, 태도가 달라진다
결론부터 말하지 말고, 가입설계서부터 설명하지 말고,
보험상품부터 설명하지 말고, 먼저 마음의 무장해제부터 하고
그 마음부터 말해주라
어떤 마음으로 지인의 인생문제를 고민했는가부터,
지인의 삶(인생지도)을 놓고 고민했던 마음부터, PT하는 거다
당신의 안타까워하는, 그런 마음부터 말해주라

어떤 마음으로 일하고 있는지 _ 현재형

지인을 어떤 사람으로 생각하고 있는지 _ 현재형

어떤 고민을 했는지 _ 과거형

어떤 해결책을 연구했는지 _ 과거형

어떤 문제를 예상하고 있는지 _ 미래형

지인은 가장으로서 어떤 마음을 먹어야 하는지도 _ 미래형

어떤 마음으로 재무설계사의 말을 들어야 하는지도 _ 미래형

마음의 메아리

마음에도 메아리가 있어요
사랑한다고 마음으로 말하면, 나도 사랑해 라고 말합니다
싫어해 라고 마음으로 말하면, 나도 싫어해 라고 말하죠

대부분의 재무설계사는 포커페이스가 안 됩니다
지인이 당신의 마음을 읽는다면, 마음 자체를 고쳐야 하지 않을까요?
마음밭을 매일 갈아야 합니다

보험일의 성공은, 당신의 수준 향상을 바탕으로 이뤄집니다.
아니 그 자체입니다

신뢰받는 것이
사랑받는 것보다 더 큰 찬사이다

_ 조지 맥도널드

國民을 春들게 하라

1년을 가래떡 1개로 본다면...
인생이란 길어야 가래떡 80~100개에 불과하다
사람에 따라 가진 가래떡 개수가 천차만별이다
몇 개의 가래떡을 가지고 있는지 아무도 모르지만
시간이 갈수록 가래떡 개수가 점점 줄어간다고 느낀다
29, 39, 49, 59, 69... 아홉수에 건강이 뚝 떨어지는 그 느낌
몸이 달라지고, 어느새 아이는 자라고
장례식 참석횟수가 늘어가며 시간의 한계를 느낀다
공자는 60세를 이순耳順이라고 했다
나이가 들면 귀가 부드러워지면서 하늘의 소리를 듣는다

'넌 유한한 존재야

성공적인 20대의 결말은 아무 일 없이 30대가 되는 것
성공적인 30대, 40대, 50대, 60대도 마찬가지
무사하니 다행이고 안녕하니 다행이다. 그래서 이렇게 인사하는 것

"안녕하세요?"

'안녕하세요' 의 의미는 안녕하셔서 다행이네요
'무사하셔서 당신도 나도 참 다행입니다' 라고 하는 것이다
안녕하지 않으니까 안녕하시냐고 묻는 것이다
무사하지 않으니까 무사하시냐고 묻는 것이다
안녕한 것이 복이고 무사한 것이 복인 것이다
젊은이의 목표는 안녕하고 무사한 중년이 되는 것이고,
중년도 안녕하고 무사한 노년이 되는 것이며
노년은 안녕하고 무사한 좋은 죽음好喪을 맞이해야 하는 것이다
이것이 인간의 복福이다
우리는 매일 밤 12시를 넘기며... 오늘은 죽고 내일에서 부활한다
이달에 죽고 다음 달에, 올해에 죽고 내년에 부활한다
부활하지 못한 어느 순간이 죽는 날이다
한 식당 화장실에 붙어 있는 글을 보자

'살아 있는 게 무언가? 숨 한 번 들여 마시고 마신 숨
다시 가졌다 버렸다, 버렸다 가졌다
그게 바로 살아 있다는 증표 아니던가?
그러다 어느 한 순간 들여마신 숨
내뱉지 못하면 그게 바로 죽는 것이지'

재벌 3세, 4세가 있다. 재벌 1세, 2세는 어디에 가 있는가?
15대, 16대, 17대 국회의원이 이어진다
1대.2대.3대... 국회의원까지 전체모임을 못한다

일부는 이 세상에 이미 없기 때문이다
역대 대통령 모임을 하려면 현충원에서 해야 한다
감옥에서 죽는 무기수나 감옥 밖에서 죽는 사람이나 똑같다
안녕하고 무사히 노년까지 왔는데 죽는다? 정말 허무하다
솔로몬 왕은 인생을 이렇게 말했다
'헛되고 헛되며 헛되고 헛되니 모든 것이 헛되다'

이것이 허무와 우울증의 근본의식인 죽는다는 것이다
죽음은 공포 드라마다. 눈을 가리면 공포를 느끼는 것처럼…
누구나 죽는다는 것을 알지만 현실로 인정하진 않는다
드라마의 죽는 장면이 나오면 채널을 돌린다. 피하는 것이다
인간이 유한하다는 것. 죽는다는 것, 이것을 인정해야 한다
이 유한성을 인정하지 않으면 더욱 허무하게 느껴지는 것

부모가 돌아가시면 철이 든다. 부모가 되어도 철이 든다
아파 보면 철이 든다. 철이 든다는 것은 유한성을 인정한다는 것
나이가 들어 지혜로워진 이유도 유한성을 발견하기 때문이다
유순해지고 특히 시간의 소중함을 알기에 아껴 쓰게 된다
하지만 나이가 든다고 철이 드는 것이 아니다
나이 먹어도 유한성을 모르면 철없는 노인이고
나이가 어려도 유한성을 알면 철이 든 소년소녀가 된다
죽어보면 제대로 철이 든다. 죽다 살아나면 삶의 소중함을 안다
암에 걸렸다가 치료받은 사람도 그렇다

그렇다고 모두 죽어보고, 암에 걸릴 수는 없다
대신 죽는다는 가정假定은 할 수 있다
죽음 체험, 장애인 체험, 암 체험, 병원 체험을 하는 것이다

오랜 기간 부모님의 병수발을 한 가족들은 철이 든다
죽음을 아주 젊을 때부터 인정하고 체험했기 때문이다
보험人이 하는 일이 바로 이것이다. 체험으로 철이 들게 하는 것
젊은이와 나이 든 아이 모두를 철든 어른으로 만드는 일이다
대한민국이 철들면 부강한 철강鐵鋼국가가 되는 것이 아니다
철학에 강한 철강인哲强人이 모인 철강哲强국가가 되어야 한다
어질고 사리에 밝은 철인哲人의 국가가 되는 것이다
보험人이 먼저 철들어 어른이 되고,
보험人의 가족을 철들게 하여 어른을 만들어야 한다
그 가족이 누구인가?
당신이 선별하여 만나 인생의 철이 들게 할 모든 사람이다

유한성有限性의 역설逆說

병의 밑면이 뚫려 있으면... 아무리 물을 부어도 채울 수 없다
막혀 있으니 물을 부어도 희망이 있는 것이다
주식의 손절매는 주식투자를 가능하게 한다
손절매한다는 것은 손실의 마지노선을 정한다는 것
이 손절매가 없으면 손실은 무한대가 될 수 있는 것

보장계획은 불.행.손.절.매.다
이 불행손절매가 없으면 축복의 결혼과 출산은 불가능하다
만일에 가족의 삶은 무한대로 추락하여 자본주의의 천민이 된다
국민연금의 손절매가 개인연금의 판매를 돕는다
이 손절매는 노후준비의 최소 기준을 잡아 준다
이 손절매가 없으면 노후자금을 쌓기가 힘이 든다
하루의 시간을 무한정 쓸 수 있다면 인류의 발전은 더딜 것이다
한정된 시간을 인식하기에 시간의 효율을 생각하는 것이다
등교 시간이 있고 방가 시간이 있다
인생이 왔다 가는 것이라면 소중한 시간을 아껴야 한다
보험人의 마감도 사랑하라. 마감이 없으면 다음 달 수수료도 없다
당신의 부고기사를 생각하고 당신의 장례식도 생각하라
재무설계사로서의 그만둘 시점도 생각해 놓아야 한다

가정의 위험공간(결혼~막내결혼시점)을 생각하고
학교에 입학했으면 졸업할 날을 생각하고,
군인은 제대할 때까지 남은 기간을 생각하고
기쁜 우리 젊은 날도 생각하고, 슬픈 우리 늙은 날도 생각하고,
집을 샀으면 팔 때도 생각하고,
아이가 태어났으면 홀로서기할 날도 생각하고
최종적으로는 죽음까지 생각해야 한다
유한성의 최종단계인 죽음을 생각하면
이상하게도 삶의 지혜가 생기고 혜안이 열린다
짧은 삶에 대한 사랑도 생긴다
그 시간 안에 꼭 해야 할 일이 떠오른다. 시간도 급해진다
보장도 보이고, 노후준비 기간의 가치도 보인다
이것이 죽음의 역설, 즉 유한성의 패러독스역설인 것
우리의 지인은 철학이 있는 보험人을 원한다.
철학을 정립하는 과정, 즉 성숙 과정이 없었던 사람은

.... 10년 된 신인

자아自我를 넘어...

여기는 한국전쟁이 끝난 지리산 자락
낮에는 빨치산 공비 토벌대 세상, 밤에는 빨치산 세상이다
선량한 주민들은 낮에는 아군에게 심문을 받고 공비에게 협조한
공로(?)로 고문을 당한다. 하지만 밤이 되자 세상은 바뀐다
빨치산에게 주체사상 교육을 받고 다시 고문을 당한다
이런 상황을 깨달은 주민들은 이제 어떤 곳에도 속하려 하지 않고
아무에게도 협조하지 않는다. 그저 눈치만 볼 뿐...

보험의 꽃은... 보험인인 '나'와 지인인 '너', 보험의 가치인 '그',
이렇게 3자가 만나 피우는 아름다운 꽃이다
나와 너는 보이지만 '그'는 보이지 않는다
그는 어디에 있는가? 그는 보험인인 '나'에게 있어야 한다
문제는 이것이다. 마음의 자리는 하나, 그 자리에 들어갈 정신은 둘!
보험인은 나와 '그' 중 하나를 선택해야 한다

집을 지을 때 쓰는 거푸집과 버팀목은 집이 완성되면 빼내야 하고
밥이 들어가 소화가 되면 나와야 한다. 그대로 있으면 안 되듯
자아는 보험인이 되기 위해 어린이小我에서 어른大我이 되어야 한다
이것이 자아가 보험을 깨달아 결혼하는 지知의 단계다

이제 결혼생활을 유지하는 행行의 단계를 위해 자아를 비운다
자아를 비운 마음 공간은 보험가치의 집터가 되고
마치 성숙한 여인이 님의 품에 안기어 자기를 잊고 자는 것처럼...
나를 뛰어넘어 보험가치가 나와 하나가 되어
보험人으로 최고의 존재감을 맛보는...
지행합일知行合一의 초자아超自我가 되는 것

옥토沃土 밭을 만들라

보험人은 마치 앉은뱅이를 업고 목적지까지 가는 장님이다
앉은뱅이(보험)는 머리, 장님(보험人)은 발이 된다
앉은뱅이와 장님 모두 혼자선 아무것도 할 수 없다
당신의 노력으로 일하는 것이 아니다. 보험의 발이 되라
당신이 말하는 것이 아니다. 보험이 말하도록 데려다 주라
보험人은 장애인을 모시는 장애인 전용 택시기사다
장애인(보험)을 위해 기존 택시를 용도에 맞게 개조했다
장애인은 택시에 혼자 탈 수 없고 직접 태워 주어야 한다
택시의 운행방향은 손님이 결정하고 손님의 의도에 충실할 때
수수료가 지급된다. 단순한 수수료가 아닌 의미있는 수수료!
보험人의 수수료도 고객이 주는 것이 아니다
보험가치가 주는 특별 수수료, 가치 수수료다
택시가 손님을 선택한 것이 아니라 손님이 택시를 선택한 것이다

흔히 보험가치가 위대하다고 말한다. 왜 위대한가?
4차원의 사랑이 3차원으로 내려온 보호와 연결되었기 때문이다
사랑과 보호는 근본적인 존재감, 즉 실존과 연결되었다
사람이 위대한 것이 아니라 그 안에 품은 정신이 위대하다
여자가 위대한 것이 아니라 생명을 잉태한 여자가 위대하다

행동보다 행동을 결정한 정신, 마음, 사상이 위대하다
사랑한다는 것은 보호한다는 것이고 보호한다는 것은 품는다는 것
마음으로 먼저 품어 너가 나에게로 들어와 '너를 품은 나' 가 된다
아이를 품은 엄마는 아이다. 엄마 품에 안긴 아이는 엄마다
가치를 품은 나는 가치이고, 내 품에 안긴 가치는 나다
보험을 품은 나는 보험이다. 내 품에 안긴 보험은 나다
나가 보험이고 보험이 나인 그게 그거가 된 사람이 보험人이다
나란 존재와 보험人으로서 나는 분명 다르다
기존의 나가 보험人으로 다시 태어났다. 이미 나가 아니다
사는 힘(에너지), 행동, 사고가 전혀 다른 신인류新人類다

주한 미국 대사는 이미 사람이 아니다. 미국이다
주한 중국 대사도 이미 사람이 아니다. 중국이다
그들이 한 말은 미국의 생각이고 중국의 생각이다
그들의 행동은 미국의 행동이고 중국의 행동이다
대사관은 한국법이 적용되지 않는 치외법권 지역이다
그들은 한국에 살면서도 여전히 자신의 나라에 산다
대사는 나란 자연인으로는 사라지고 자신의 나라만 대표하는 나다
보험의 대사인 보험人도 과거의 나가 아닌 그 자체가 보험이고
보험이 되어 생각하고 행동하는 나다
보험人은 보험의 知, 사람의 行이 결합된 지행인知行人, 즉 지행합일知行合一의
신인류新人類로 보험人이 보험일을 하는 것은 재무설계사가 보험상품을
판매하는 것과 근본적으로 다른 것이다

보험人이 대우받는 이유도 보험의 가치를 품고 있기 때문이다
하지만 가치를 품고 있지 않다면 그저 팔러 온 사람일 뿐이다

'결혼 10개월 만에 아이가 생겼다. 그런데 좀 이상하다
너무 아빠와 닮지 않았고, 걸음걸이와 기타 유전적 행동이 다르다
혈액형도 달라 이상히 여긴 아빠는 DNA검사를 의뢰한다
결과는 자신의 아이가 아니었다. 남의 아기를 임신한 후 결혼을
서둘렀던 부인의 행동을 이제서야 깨닫는다. 그동안 재벌가의
후계자를 낳았다고 유세하던 부인은 아이와 함께 쫓겨났다'

보험人은 아무 씨나 받는 씨받이가 아니다
보험의 씨를 받아야 한다. 그 씨가 보험의 가치와 마음이다
엉뚱하게 욕심의 씨, 세일즈의 씨, 성공집착의 씨를 마음밭에 심고
보험人가문과 혈통에 입적시키려고 하면 안 된다
상상임신도 안 된다. 증상은 같아도 씨가 없기에 어떤 결과나
열매도 맛볼 수 없다. 임산부가 입덧하고, 배가 불러오는 것은
비록 눈에는 보이지 않지만 뱃속에 있는 아이의 존재를 명백히 증명하는
것이고 뭔가 자꾸 먹고 싶다면 산모가 아니라 아이가 원한 것이다
임산부가 태몽을 꾸듯 보험일을 시작하는 신인도 태몽을 꾼다
평소 생각이 꿈으로 표현되는 것으로 꿈 해석이 무척 중요하다
어떤 꿈일까? 잠시 신인 M씨의 꿈 속으로 들어가 보자

최고 실적을 거두어 시상식에 올라가 메달을 거는 꿈

큰 계약을 한 후 칭찬받고 동료들의 부러움을 받고 으시대는 꿈
만난萬難을 극복하고 땀을 흘리며 전단을 돌리는 꿈
멋진 설명에 고객은 감동을 하고 굴복한 고객이 서명하는 꿈
지인의 일을 도와주며 그 대가로 청약서에 서명하는 꿈

잘 보면... 보험가치가 아닌 자신의 성공담을 만드는...
다른 세일즈에서 볼 수 있는 모습들... 이 세일즈맨의 씨가 심겨져
자라나면 당신의 얼굴과 행동, 복장을 전형적인 세일즈맨으로
변화시킨다. 이제 Ship에 충만한 자를 미워하고 Ship과 관련된
교육시간에 숙박료(?)를 지불해야 한다. 이번에는 B씨의 꿈을 보자

조문객도 없이 한산한 장례식장, 시름에 잠겨 있는 지인의 가족에게
가장이 준비한 고액의 보험금을 전달한 후 미소 짓는 꿈
계약 당시에는 거절하던 지인이 암에 걸려 고맙다고 인사하고...
그의 소개와 추천으로 사무실로 고객이 몰려오는 꿈

이 근본적으로 씨가 다르고, 출발이 다른 꿈은 당신이
보험의 씨를 품었다는 결정적인 증거다. 우리가 일하는 같은
공간에서도 드라마 'V'에서 인간과 파충류가 똑같은 인간의
모습으로 공존하듯 한꺼풀 벗겨보면 바로 들통이 난다
이제 보험의 씨를 품기 위해 마음밭을 갈아엎고 옥토밭을 만들라
보험가치가 살아 숨 쉬도록 욕심을 버려 공간을 마련하고...

보험人의 마음을 받아라

마음은 사고방식, 태도를 결정한다
의사가 되려면 의사의 마음을 받아야 한다

샐러리맨의 마음을 가진 의사......... 사실상 샐러리맨
세일즈맨의 마음을 가진 의사......... 사실상 세일즈맨
사업가의 마음을 가진 의사............ 사실상 사업가
슈바이처의 마음을 가진 의사......... 사실상 슈바이처
성자의 마음을 가진 의사............... 사실상 성자聖者

마찬가지로 보험人도...
샐러리맨의 마음을 가진 보험人...... 사실상 샐러리맨
세일즈맨의 마음을 가진 보험人...... 사실상 세일즈맨
사업가의 마음을 가진 보험人......... 사실상 사업가
슈바이처의 마음을 가진 보험人...... 사실상 슈바이처
성자의 마음을 가진 보험人............ 사실상 성자聖者

의사가 무료진료를 하고, 월급을 털어 식량을 사준다면... 성직자다
마음이 직업의 정체성을 결정한다는 말이다
보험人은 돈에 있어서 마음까지 치료하는 의사다

1,2,3차원에 머물던 돈의 수준을 4차원으로 끌어올리는 의사
4차원은 1,2,3차원에서 발생된 질병을 모두 치료한다
잘못된 마음들을 치료하려면 좋은 마음보따리를 가져야 한다
지인의 마음이 돈을 움직였기 때문이다
그 돈을 움직이려면 지인의 돈들을 쥐고 흔들었던 마음들을
하나씩 끄집어 내어 치료해 주어야 하는 것
보험일을 하다 보면 때론 심리상담가, 정신과 의사, 성직자, 부모,
친구, 가족이 되었다고 느끼는 순간이 있다. 바로 그것이다
그 마음이 보험인의 마음이다

보험일을 하는 사람은...
그 중심에 보험의 마음, 보험인의 마음을 품어야 한다
누가 가르치고 가르침을 받는 것이 아니라
보험의 마음을 받아 곱게 품어 기존 고정관념의 껍질을 깨고
병아리가 된 그 마음을 지인에게 던지고 감사의 마음을 받는 것
그 마음으로 준비하고 식사하고 모임을 하는 것
그 마음을 사무실에 남겨 놓고 야유회를 가는 것도
가방과 핸드백에 넣고 가는 것도 아니다
마음속 가장 소중한 공간에 그 마음을 모시고 함께 가는 것
이것이 바로 다른 직업과 다른 보험의 독특한 문화다
외국의 것이 아닌 가장 한국적이고 한국人에 맞는 것이어야 한다

마음 받았어요~

한번 쓴 마음은 없어지지 않고 이루어진다
간절히 쓴 마음은 에너지가 충만한 마음이고, 지인의 마음까지
전달되는 속도가 빠르다
마음은 에너지이고 전력과 같아서 자가발전은 힘이 든다
좋은 마음을 주고받아서 충만해지는 '마음거래'를 해야 하는 것
팀이 존재하는 이유도 마음을 모으기 위한 것이다
서로 잘되기를 바라는 마음, 축하하는 마음
성공을 서로 기원하는 마음. 자~마음이 오가는 대화를 살펴보자

"이렇게 마음을 써 주시니 감사합니다"
"선물은 괜찮습니다. 마음만 고맙게 받겠습니다"
"마음을 담은 선물이라서 더 기뻐요"
"써 주신 그 마음을 결코 잊지 않겠습니다"

좋은 마음은 실제로 과정을 조종하여 결과를 바꾼다
한집에 며느리가 잘 들어와야 하는 이유도
며느리는 마음을 쓰는 일을 담당하기 때문이다
자기 욕심, 즉 자기 것만 챙기는 마음이 가득한 며느리는
가족의 마음창고를 갉아먹는다

마음을 받으면 감사해야 한다
돈보다 마음을 받아서 더 좋은 것
마음을 받았으면 마음으로 갚아야 한다

돈도 선물도 약소한 것
이 세상의 일 중에서 돈으로 해결할 수 있으면 아주 저렴한 것
보험료로 지출된 돈이 가치있는 이유가 바로 이 점이다
돈으로 해결할 수 있기 때문이다

마음 쓰기

가장의 마음은 어떤가?
가정이 평안하기를, 가족이 건강하기를 기원하는 마음
자녀들이 행복하기를, 미래가 활짝 열리기를 바라는 마음
이 마음으로 비가 오나 눈이 오나 출근하는 것이 아닌가

부인의 마음은 어떤가?
오늘 출근한 가장을 저녁 때 또 볼 수 있기를 바라는 마음
그 수입이 끊기지 않기를 바라는 마음
건강진단 결과보고서가 모두 '정상'이길 바라는 마음
회충약을 때마다 준비하는 마음
영양을 골고루 담아 건강하기를 소원하는 마음

자녀의 마음은 어떤가?
부모가 건재하기를 바라는 마음
학교를 이상 없이 다닐 수 있기를 바라는 마음
매달 송금 받던 유학비가 지속되기를 바라는 마음

이런 마음이 아닌가?
이 마음에 보험인의 마음과 보험을 만든 과거의 마음이 보태지고

보험회사 전 직원들의 마음까지 보태어 군대를 만드는 것이다
보험회사 직원들은 회사가 망하면 직장을 잃는다
회사 문을 닫지 않기 위해, 보험금의 대량 지급사태가 나지 않도록
직원들의 전 가족까지 합세하여 고객가정의 건재를
간절히 두 손을 모아 매달 기도하지 않겠나
이 마음들이 모여 고객의 가정을 지켜 주고 있는 것이다
이상하게도 보험을 가입한 가정은 사고가 나지 않는다
암보험을 든 사람은 암에 안 걸린다
잘 죽지도 않는다. 왜 그럴까? 기도가 되기 때문이다
보험은 한마디로 건강기원, 장수기원 프로젝트요
가정을 지켜 주는 군대요, 119구조대요, 예방의학과 의사가 아닌가
좋은 마음들의 종합선물 세트이고 마귀를 물리치는 '천사'인 것
한마디로 복이 들어온 것이다

100년 이상 된 보험회사가 존재한다
보험상품의 가입설계서를 발행한 회사의 창립년도를 보자
재수 없는 사망보험을 많이 팔고, 고객들이 재수 없는 보험을
가입하여 재수가 없어졌다면 재수 없는 일이 일어났어야 한다
회사는 벌써 망해버렸을 것이고 보험자체가 없어졌어야 한다
하지만 오히려 그 반대가 아닌가
보험을 든 것은 복을 부르는 것, 거부는 복을 차버리는 것
보험人을 박대하면 불행은 씨~익 미소를 짓는다
보험人을 박대하면 결과적으로 불행이란 놈을 돕는 것이다

고객 가정을 위해 대신 싸울 작전계획을 준비하는 소중한 충신을
오히려 역적으로 몰아 버린다면 어떻게 하는가
정신 나간 일이 아닌가. 소금이라도 뿌려야 할까?

'몰라서 그런 것이다. 알면 그렇지 않을 꺼야'

대드는 아이를 보며 다시 설득을 하는 어버이의 마음을 써야 한다
사랑한다면, 마음을 쓸 사람을 고객으로 선택했다면 그렇게 하자
그렇지 않을 바에는, 마음을 쉽게 거둘 바에는
처음부터 예비고객 명단에서 빼 버려야 했었다
그러기 위해 좋은 마음을 담은 글과 드라마와 음악을 듣는 것이다
마음관리를 하는 것이다. 그 마음의 흐름을 말해야 한다
그 마음이 얼마나 소중한 마음인지를 알려 주어야 한다
그 마음을 몰라서 그런 것이니 절대로 실망 말고...

마음의 學位

마음에도 격格이 있다는 사실을 아는가?
학문적인 격은 학사, 석사, 박사라는 학위로 표현된다
학위는 전문가 집단에게서 인정받고 교육부 장관이 주는 것
마음의 학위는 누구에게 받는 것일까? 전달된 사람에게서 받는 것
마음이 전달되는 경로는 이런 것이다
마음을 담은 일체의 모든 것, 가령 마음을 담은 말,
마음을 담은 글, 마음을 담은 이메일, 선물 등

마음을 담아 전달된다면 그것은 운송수단이다
내 마음은 송신처, 말이나 글이 전달된 상대방의 마음은 수신처
전달된 마음이 수신처에 심겨지면 자라나게 된다
그리고 하나가 된다. 똑같은 마음이 된다는 것
너와 나의 생각이 같아진 순간, 바로 친구가 되고 가족이 된다
그 뒤 청약서도 쓰고, 증권도 전달하고, 식사도 하고…
보험人의 학위는 고객에게서 받는 것
고객은 보험人을 인정한다. 자랑한다. 소개하고 추천하고
추가 계약도 하고, 지속적인 관계를 맺는다
결과적으로 통계로 증명된다. 정착률, 유지율 등등

한국人의 마음구조

한국人의 마음은 아주 독특하다
우리들 마음속에는 이미 보험이 들어 있었다
그 보험을 품은 마음은 조상 대대로 내려온 전통일지 모른다
보험의 가치를 알면 알수록 가장 한국적이란 것이다
다만 서양보다 시장경제가 다소 늦어졌을 뿐

한국人의 공통적인 무의식은 정情과 한恨이다
아리랑을 들으며 그것을 함께 느끼고 눈물을 흘린다
따뜻해야 한다. 느껴져야 한다. 믿는 구석이 있어야 한다
자신과 같은 사람이라고 느껴지면 가족이 된다
한국人은 마음과 영혼이 발달된 민족이다
아무리 말로 해도 마음이 느껴지지 않으면 고개만 끄덕인다
멋진 노트북과 스마트한 자료, 화법을 구사하면 뭣하겠는가?
다 소용없는 것이다. 느낌을 주고 마음을 줘야 한다
하지만 없는 것을 어떻게 줄까? 그러니 마음밭부터 가꾸자

말은 말인데 말이 아닌 공갈빵 같은 말이 있다
자료는 자료인데 자료가 아닌 생명이 없는 자료가 있는 것이다
고민과 진심 어린 마음을 담아야 한다

과일은 씨를 보호하기 위해 과육이 있고 과즙이 있는 것
그 모든 것을 보호하기 위해 껍질이 있는 것
그 씨가 보험人에게는 마음, 지인에게는 가장의 수입이라는 것
한국人은 최고의 교육열을 가졌다
법으로 과외를 금지해도 비싼 돈을 들여 숨어서라도 가르친다
이 와중에 교육비를 줄여 연금을 가입하라고 하면 어떻게 되는가?

'씨도 안 먹힌다'

그 씨는 마음을 이야기하는 것. 마음이 안 먹힌다는 것은
어디서인가 배운 것을 그대로 말로 옮긴 것일 뿐
자신도 그렇게 하지 않으면서도…
차라리 **'노후준비가 안 된 부모'** 는 자녀의 마지막 부채가 된다는
사실을 말해주는 것이 정서에 맞는 것이다

한국人의 의식意識구조

한국人은 가문을 중요시 여긴다
오죽하면 외국인 선교사가 한민족은 나라와 민족보다
가문을 더 소중히 여긴다고 했을까
지금도 누구나 족보를 가지고 있고 명절에 가족이 다 모인다
제사로 조상을 기억하고 근황을 묻는다
가문의 대를 잇기 위해 아들을 선호하게 되었고
가문의 명예를 위해 열녀가 되고 묘지를 단장했던 것
가문은 '나' 고 '나' 가 가문이었다. 이는 유태人의 상속법과 같다

할아버지가 보험금으로 1만 달러를
아버지가 그 1만 달러로 10만 달러를
손자가 그 10만 달러로 100만 달러를
증손자가 그 100만 달러로 1000만 달러를 만드는 것
중요한 것은 그 4세대가 한 푼도 쓰지 않고 또 보험을 든다는 것
라스베가스가 근처인데도...

간경화에 걸린 아버지가 있다
그동안 세탁소를 하며 모은 돈으로 내 집 마련을 한 직후
얼굴에 황달이 와서 병원에 가보니 간경화 진단이 떨어진 것이다

그가 선택한 곳은 다름 아닌 기도원!
집을 팔면 치료를 받을 수 있었을 텐데...
마지막 끈이라도 붙잡을 수 있을 텐데...
그런데도 아버지는 병원에서 뛰쳐나왔다
치료해도 가망이 없기 때문에 치료를 거부한 것이다
그는 확률보다 확실한 것을 선택했다. 왜?

'그 집은 남은 가족이 살 집이다
세탁소는 남은 가족이 생계를 꾸려 나가야 할 발전소다
이 집을 팔면 남은 내 가족은 어떻게 살아가야 할까'

가족의 의미 意味

한국人에게 가족이란 어떤 의미인가?
과거의 수많은 철학자들이 인간의 실존을 고민했다
한국人은 가족에게서 정체성을 확인한다
특히 자녀를 낳는 순간 그 정체성은 명확해진다
나는 누구인가? 나는 너다. 너는 바로 나다
아버지가 아들이고 아들이 곧 아버지다
어머니가 딸이고 딸이 곧 어머니다. 닮은 것이 아닌 그게 그거!
내 아들의 아들도 나다. 손주는 바로 할아버지다
증손주도, 고손주도 다 나다. 이것이 가문이다
가문은 나다. 가족도 결국 나인 것이다
내가 죽어도 '너'가 살면 내가 사는 거다. 너가 이 땅에 남아 계속
살면 내가 사는 거다. 너가 유학 가면 내가 가는 거다
나는 회사에서 일해도 너가 재미있게 놀면 내가 노는 거다
너가 행복하면 내가 행복하다

도대체 너는 누구인가? 또 다른 나, 바로 내 가족이다
가족이란 나 자신이고 보험의 '가족사랑'은 나를 사랑하는 것
나를 사랑하는 것은 가족을 사랑하는 거다

보험人이 가족家族이 된다면

1촌이 되는 것이다. 형제자매, 부모자식 사이가 된다
함께 식사하고, 가족모임에 초대받고, 마음을 나눈다
실수도 눈감아 준다. 성공을 빌어 준다
그 성공이 내 성공이 되고 대가를 바라지 않는다. 민원이 없다
불완전 판매가 없다. 이젠 판매하러 가지 않고 친구 만나러 간다
가족모임 하러 간다. 커피 마시며 보험이야기는 없다
가족이니까, 친구니까. 그저 믿는다
다시 만나기 위해서라도 부족한 보험이 없는가를 스스로 짚어 본다
만남의 계기를 만드는 것이다. 그가 전화 안 하면 무척 서운하다
서운한 감정을 말하고 막상 전화하면 불평은 쏘~옥 들어가고
반가움의 환호성을 지른다. 가족이니까, 친구니까
회사에서 계약확인을 위한 해피콜을 한다.

"설명을 너무나 자~알 들었는데요. 훌륭한 분이시니까
좋은 것 있으면 그분을 잘 챙겨 주세요. 받을 것 다 받았어요"

오히려 전화한 직원에게 화를 낸다
왜? 훌륭한 사람을 못 믿고 전화해서 확인하느냐고,
왜? 가족이니까, 친구니까

한국人의 촌수 寸數

친구의 친구는....................... 친구다
그 친구의 친구도.................... 또 친구다
그 친구의 친구도.................... 역시 친구다. 다~친구다

이것이 대한민국 국민이 사실상 다~친구인 이유

아버지의 가족은.................... 친가(족)
어머니의 가족은.................... 외가(족)
남편의 가족은...................... 시가(족)
부인의 가족은...................... 처가(족). 다~가족이다

이것도 대한민국 국민이 사실상 다~가족인 이유
친구, 가족은 이렇게 생각한다

친구에게 잘해줘야지(보험人)... 친구인데 잘해줄 거야(친구)
가족에게 잘해줘야지(보험人)... 가족인데 잘해줄 거야(가족)

나는 대한민국 5천만 국민이고 대한민국 국민은 다~나다
단 한 사람의 지인이라도 고객이 되면, 그 친구의 친구,

그 가족의 가족이 고객이 되는 것
그 단 한 번의 성공모델을 제대로 만들어야 한다. 그러면 된다
과거의 실패도 기억하지 말고, 기약없는 미래의 희망도 던져 버리고
오늘 이 순간, 이 만남에서 보험인의 모습을 제대로 보여 주라
그럼에도 불구하고 잘 모르겠다면...
지인과 고객의 결혼식, 장례식, 피로연에 가보면 안다
그들이 혼자가 아니고 당신도 혼자가 아니었다는 것을
소개받아 찾아간 친구의 환대의 이유가, 거절의 이유가,
당신에 대한 평가가, 혼자의 판단도, 혼자의 마음만도 아님을,
그래서 보험일은 All or Nothing이라는 것
어중간한 성공, 어중간한 실패도 없다는 것도

엄마의 마음

어머니는 맘CEO로서 가정 경제의 안살림을 맡았다
아버지는 외침이 많았던 우리에게 희미한 존재, 나라를 지키는 존재
전쟁통에 홀로 된 어머니의 모습은 아버지와 결합된 어버이였다
광을 책임지고 부족한 쌀은 채우고 식구들을 통솔했다

과거에는 첫 월급을 타면 빨간 내복을 부모님께 선물했다
월급을 받으면 대부분 어머니가 관리를 하고
어머니는 이 통장에 차곡차곡 저축해서 시집장가 밑천을 만들었다
하지만 지금 성장한 자녀는 부모와 함께 거주하지 않는다
3.1운동을 촉발한 美 윌슨대통령의 '민족자결주의' 가
엉뚱하게 자기 월급 '자결주의自決主義'로 변신한 것이다
그래서 철학이 없고 목적이 없는 돈들이 대한민국을 떠다닌다
그 돈은 이리와 늑대에게 먹히기 쉽다
이리와 늑대는 현란한 광고를 앞세운 소비문화이고
대박이라고 소문난 재테크이며 선한 사마리아인으로 가장한
현금서비스와 대출업체와 같은 고리대금업이다
그 돈은 철학과 미래를 보지 못하는 눈 뜬 장님이다
그 돈은 상한선을 벗어난 주택가격에 실망한 마음이다
그 돈은 차라리 현재를 즐기자는 절망한 마음이다

어머니의 마음은 이자는 중요하지 않다
일단 원금으로 안전하게 목돈을 만드는 집전의 마음이다
그다음 목돈을 굴리고 꿈을 꿀 수 있도록 하는 것이다
어머니는 돈에 가치와 꿈을 담는다
목돈을 만드는 동안 참고 견딜 수 있도록
재정 멘토가 되어 돈의 철학과 인생 철학을 전수한다
월급의 우선순위를 강제지정함으로 밑천을 마련해주는 마음이다
어머니는 결코 소탐대실하지 않고
자녀의 노후까지 바라보며 그 돈이 기반이 되도록 한다

보험人은 어머니의 마음이다
어머니가 되어 자녀들의 마음부터 어루만져야 한다
어머니를 돕고 어머니를 대신하는 것이다
당신이 남자라도, 마음은 어머니의 마음이어야 한다
그게 느껴져야 한다

제품을 팔기 전에 먼저 그 나라를 사랑하라.
중국인의 DNA를 파악해 그들을 감동시켜라

_ 담철곤 오리온 회장

잘못된 시도

지인이 보험인의 마음을 받았다면 제대로 다~받은 것
지식만 받았으면 잘못 받은 것
멋지게 연출한 어프로치가 실패하는 이유는 설득했기 때문이다
누구든 설득당하고 싶어하지 않는다. 그 느낌을 받으면
마음의 문부터 꼭꼭 걸어 잠근다. 1시간을 함께 있어도
2시간 동안 말해도 아무 소용이 없다. 어차피 안 듣고 있다
거절을 하고 준비한 '거절처리'를 시도하고...
거절은 처리되어야 할 것이 아니라 방지되어야 할 것이다
거절은 부정의 마음에서 비롯된 4차원 언어다
그것을 맞받아쳐 봐야 헛발질이지 않나. 거절처리는 클로징에서
하는 것이 아니라 어프로치 단계에서 미리 프레젠테이션 되었어야
할 숙제였다. 시간은 지나갔고 숙제를 안 했으니 회초리를 맞은 것
그 후 끝끝내 내 고객으로 만들고야 말겠다는 신념(?)으로
다음에 오라는 말을 믿고 또 간다
말에 책임을 지라고 한다. 얼굴에 굳은 결심을 만면에 띄우고...
독한 세일즈맨으로 변질된 상태에서 마감에 쫓긴 상태로 달려간다?

어떤가? 활동량이 문제가 아니라 마음이 문제였다
몸의 활동량보다 마음의 활동량이 더 중요하고 왕성해야 한다

마음의 활동량 없이 몸부터 움직이면 백전백패百戰百敗!
처음부터 설득하려는 시도를 버리고, 마음으로 만나 공감共感과
동정同情을 느껴야 한다. 마음을 비운다는 것은 욕심을 버리는 것
욕심을 비운다는 말은 보험의 마음으로 채우는 것. 당신은 지인을
설득할 수 없다. 보험만이 할 수 있다. 보험이 설득하지 않았다면
무엇이 팔린 것일까? 당신이 팔렸고 모든 책임도 당신의 몫이다
왜 그런 어렵고 험난한 길을 선택하려고 하는가?
우리는 순간순간 보험인이 되기로 결심해야 한다
제발 나서지 말고, 보험을 내세우고, 겸손한 자세로,
혼자 해보려고 말고, 힘을 빼고 'Let it be' 그대로 둬!
귀를 기울여 지혜의 소리를 잘 듣고!

예비엄마(지인)가 태아가 착상할 몸을 만들고, 술 담배를 중단하듯
보험人도 그 마음 안에 보험가치를 담고 그 가치가 살아 숨 쉴
수 있게 하기 위해, 불순물이 끼지 낳도록 마음그릇을 닦아야 한다
새 생명을 잉태한 여인이 이 세상에서 가장 아름답듯
고상한 보험가치를 담은 당신은 가장 위대한 사람이다
그 가치가 당신을 대신하여 말해 주고 설득해 줄 것이다

자기愛와 미래의 선취先取

부모 품 안의 자식은 부모의 일부다. 아니 부모 그 자체다
부모가 자식이고 자식이 부모가 된다
부모가 자식을 사랑하는 것, 자식이 부모를 사랑하는 것 모두
부모가 부모를 사랑하는 자기애自己愛일 뿐이다

마찬가지로
보험人 품 안에 보호받는 고객은 보험人의 일부, 아니 보험人이 된다
보험人이 지인이고, 지인이 보험人이 된다
보험人도 지인도 모두 자기애自己愛로 사랑하게 되는 것

사랑하면 마음 문을 열고 공간을 만들어 준다
사랑의 깊이가 커질수록 공간의 평수가 커진다
그러면 넓고 쾌적한 곳에서 편하게 말할 수 있다
그가 차도 내오고 함께 식사도 할 수 있는 것이다

사랑은 태양이고 태양은 빛이면서 에너지이기도 하다
자녀를 사랑하면 자녀 마음속 공간에 전등을 설치한 것이다
어떤 생각을 하는지, 어떤 고민을 하는지 훤히 보인다
부모라서 볼 수 있는 것이 아니라 사랑해서 보이는 것이다

곧이어 자녀미래가 보이고 부모는 그곳까지 사전답사를 한 후
현재로 와서 해결책을 조언한다. 미래를 선취先取한 것이다

보험人도 마찬가지!
라이프사이클을 그려놓고 지인의 인생을 그저 30분만 보라
그리고 사랑해보라. 그들의 생각과 마음, 미래가 보이고 _ 선견先見
사랑의 에너지가 저~멀리 생.노.병.사.의 미래까지 데려다 주면
적절한 조치를 조언할 수 있다 _ 선수先手
지저분한 방을 치우려면 빗자루를 들고 뛰어들어야 하고
미래를 뛰어넘으려면 그 미래에 뛰어들어야 하며
죽음을 뛰어넘으려면 죽음에 뛰어드는 길 밖에 없다
그 길에 앞장서는 것을 선구先驅라고 하고
보험人은 선구자先驅者가 되어, 지인의 행복한 미래를 선취先取,
죽음도 선취先取하게 만드는 것이다. 노래를 불러보자

일~송정 푸른 솔은 늙어 늙어 갔어도...

'지난~ 날~ 강가에서~ 말 달리던 선~구~자'

Chapter 4
보험의 文化

보험일의 핵심은

재무설계사가 보험人으로 올바로 서는 일

일하는 이유와 사명을 명확히 하는 일

가장 비싼 보험

가장 비싸게 보험에 든 것은...
가입자가 보험료를 대신 내주길 요청함으로
재무설계사에게 지워진 심적 부담과 의무를 말끔히 덜어 주는 것
이로써 판매과정을 통해 형성된 '친구' 관계는 완전히 청산된다

"다~그렇게 내준다고 하던데요?"

보험료를 대신 내줬던 설계사는...
이미 그 일을 그만뒀거나, 결국 다른 일을 찾아 떠나게 된다
조만간 가입자는 바뀐 담당자의 전화를 받게 될 것이다
이젠 문제가 생겨도, 궁금한 것이 있어도,
또다시 ARS를 눌러 컴퓨터의 안내를 들어야 한다
그런 고객은 어느 곳에서나 단골이 되지 못한 채
진정성 있는 보험人을 키우지 못하는 소탐대실小貪大失형인 것
당신이 가입자 대신 내어 준 돈은 독毒.Poison이 들었다
당신은 생명을 불어넣는 대신 빼앗긴 그 돈에 실망과 한숨,
그리고 원망까지 불어넣게 된다.
가장의 소중한 마음이 담겨야 할 돈이 부정不淨을 타게 된 순간,
긍정의 기도가 저주의 기도, 저주의 부적으로 변한다

우리는 인륜지대사人倫之大事에 드는 비용을 깎지 않는다

자녀의 혼례를 치르며 예식비를 깎지 않는다
장례비용과 수고한 자의 일당을 깎지 않는다
수술을 마친 의사에게 수술비를 깎지 않는다
소송에 이긴 후 수고한 변호사에게 성공보수를 깎지 않는다
선생님에게 수업료를 깎아달라 하지 않는다

그 누구라도 이 소중한 과정이 오염되지 않길 바란다
오히려 노고에 대한 감사의 편지를 써 마음을 전한다
이 거룩한 예배가 변질되고, 작은 혜택과 소중한 것을 바꾸고,
이 일로 그 가정에 행복을 빌어 줄 마음을 거두어 버리면,
지인이 이후 부담해야 할 돈들은 생명을 잃고 방황한다
당신의 선한 마음도, 지인의 선한 의도도 다 사라진 그 자리에
드디어 불행의 싹이 시작된다. 추수의 기쁨이 넘쳐나야 할
당신의 마음밭이 여우에게 짓밟혀 폐허가 되어 버린다
소중히 가꿔 온 당신의 마음밭은 복구할 수 없이 무너졌고
망가진 마음의 과실들은 상품성을 상실했으며 저주는 시작된다

"그 사람에게 해 준 그대로 해 주세요"

잘못된 소개가 시작되고, 다른 지인을 만날 때마다 당신은
원망과 두려움, 의심의 눈으로 탐색하게 된다

매월 수수료를 받으며 기쁨의 노래가 나와야 할 마음에서
허무와 궁핍의 노래가 터져 나오게 되면, 희망과 꿈으로 시작한
보험일의 첫출발은 엉망이 된다. 과거 누군가로부터 시작된
잘못된 그 일, 아무도 지금이라도 바로잡지 않고 있기에,
이젠 당신이 다음 세대의 원망과 비난의 주인공이 되어버린다

당신의 일이 무급의 봉사활동이 아니라면,
그 돈조차 찜찜함 없이 내 줄 수 없다면,
그 가정에 저주의 싹을 심지 않으려거든,
당신뿐 아니라 당신보다 더 심한 손해를 볼 지인을 위해서라도

깨끗이 털고 나올 빈손을 각오해야 한다
사람들은 철학있는 사람을 좋아한다
어떤 일을 하는가가 중요한 것이 아니다 _ What
어떤 철학을 가지고 그 일을 하고 있는가가 중요한 것이다 _ How
프로는 프로를 알아보고 선수는 선수를 알아본다
그것은 보험인인 당신의 철학을 묻는 무언의 테스트였다
그 테스트는 평생 씻을 수 없는 오점이 될 수 있는 것이다

'그분은 제대로 하는 사람이더라. 확실한 사람이에요'

올바른 보험가입방식과 당신의 일의 철학을 미리 알려주지 않고,
보험인을 대하는 태도와 기존가입방식을 고쳐주지 못한 결과다

시간이 갈수록 지인이 가입한 보험은 비싸질 것이고
그 일로 당신은 궁핍한 철학 없는 세일즈맨으로 평가되었다
법률로 금지된 다운계약서를 요구받은 부동산 중개업자처럼
투잡, 쓰리잡을 하게 될 것이고 관리는 허술해졌으며
대중교통을 이용할 수 밖에 없는 당신은
거리가 멀고 역세권이 아닌 지인을 도저히 만날 수 없다
그럼에도 당신은 무척 당당해질 것이다. 이렇게 말하면서…

"서비스 다~해 드렸잖아요. 끝난 거예요!"

사람을 새로 사귀는 것도 쉬운 일이 아닌데…
당신이 사라진 후 지인에게 전화가 한 통 걸려온다

"선생님의 보험계약관리를 맡은 재무설계사입니다"

우리는 신체적 죽음을 맞기 전, 직업적 죽음도 맞는다
그리고 유심히 살펴보라. 그가 과거 어떤 일을 했는지
자기가 당한 그대로 앙갚음을 하고 있는지도,
당신마저도 그렇게 될지도… 모르는 일이다

가장 저렴한 보험

같은 재료를 써도 화가에 따라 명작과 졸작이 갈리고
세종대왕의 한글이 아름다운 시와 협박편지로 갈리며
건축설계사에 따라 건축물의 작품성이 달라지듯
가상의 금융건축물을 만드는 재무설계도 같은 상품을 가지고도
어떤 보험인을 만나느냐에 따라 설계가 달라진다
진정한 보험인은 금융건축물에 혼과 스토리를 부여한다
왜 그가 고능률 설계사인지, 왜 그에게로 몰리는지
그를 한 번 만나 보면 대강 짐작할 수 있다

사람들은 제품의 구입기준을 모를 땐 대체로 어떻게 할까?
우선 가격이 높은 것을 고르고 많이 팔리는 것을 본다
요즘 소비자들은 똑똑한 소비자 Smart Consumer 이고
많이 팔린 제품과 가격이 매겨지는 것은 분명 이유가 있다
가격이 높다면 높은 이유가 있고 낮다면 낮은 이유가 있는 것이다
어린아이는 가격 Cost 만을 보지만 어른은 가치 Value 를 본다
가치가 높으면 가격이 높고, 가치가 낮으면 가격은 낮다
가치에 비해 가격이 높으면 비싼 것이고
가치에 비해 가격이 낮으면 싼 것이다
가격을 깎으려 하고, 깎아 주는 데도 이유가 있는 것이다

흥정을 하는 이유는 가치에 비해 가격이 높기 때문이다
가격에 비해 가치가 높다면 흥정을 할 필요가 없다
우리들은 사실상 가격흥정이 아닌 가치흥정을 하고 있는 것이다

AS가 필요한 물건의 가격은 AS비용을 포함한 것이다
AS가 필요한데도 가격이 낮다면 AS가 안 된다는 것을 의미한다
폐업 정리를 하는 가게의 물건을 보자, 얼마나 싼지
그러나 AS가 필요한 물건이라면 결코 싼 것이 아니라
가장 비싼 물건을 팔고 있는 것이다
세상에서 가장 비싼 제품은 망할 회사의 제품이다
미래의 AS대신 할인 가격으로 서비스를 일단락시키고
'더 이상 서비스는 없어요' 라고 말하는 것이다
깎아 주는 가게와 절대 깎아 주지 않는 가게 중
어떤 곳에서 물건을 구입해야 할까? 정답은 망하지 않을 곳이다
가격이 책정되는 원리는 모든 노고가 반영된 '원가+플러스' 다
다이아몬드에는 가공비가, 수석에도 '안목 가격' 이 반영된다
그런 수고에 따라 가격의 높낮이가 결정되는 것이다. 하지만...
보험은 공.산.당.이다
보험의 구입은 일반 상품의 구매와 전혀 다른 패러다임을 가진다
물론 나이, 건강상태, 성별에 따라 차이를 보이지만 조건이 같다면
모든 사람의 보험료는 똑같다. 대단히 불공평한 게임이다
쇼트트랙 단체경기에서 각 선수의 기여도를 고려하지 않고
참여한 모든 선수에게 동일한 금메달을 수여하는 것처럼

보험료에는 보험인의 설계능력, 사랑, 열정 값은 책정되지 않는다
유명 건축설계사, 디자이너, 변호사는 보수와 몸값이 다르지만
보험人에게는 아무런 차이가 없다
어떤 사람을 만나느냐에 따라 해석과 구매과정이 전혀 다른데도
설계와 관리를 잘했다고, 차이를 두지 않고 결과적으로
똑같은 보험료라면 동일한 수수료가 발생하는 것이다
참 억울하고 속상하다. 1개월 신인과 10년 된 기존 보험人의 수수료가 같다?
'연공서열'이 없고 평등하다? 이건 완전히 공산당이다. 그러므로...
지인들은 사람을 잘 만나면 대박, 못 만나면 쪽박이다
가장 비싼 보험을 살 수도 있고, 가장 저렴한 보험을 살 수도 있다
이 차이는 가입 당시에 국한되지 않고 시간이 갈수록 늘어난다
보험료를 낸 세월만큼 손실, 혹은 이득이 날로 늘어나는 것
소비자들이 실수하는 때는 유무형의 가치가 섞여 있을 때다
보험상품의 구입이 가장 대표적인 경우다. 현명한 보험人은
유무형의 가치를 동시에 설명하고 현재뿐 아니라 미래의 혜택에
대한 조언을 아끼지 않으므로 고객의 선택을 도와 그들의 이른바
'선택 이익' Collection interest을 극대화시킨다

납입기간이 20년 납이라면.................... 20년 동안 내~내~

숨어 있는 가격차이 差異

가격차이가 드러난 경우
동네 수퍼와 대형 할인매장 물건가격의 차이
농수산물시장(도매) 가격과 소매점 가격의 차이

가격차이가 드러나지 않은 경우
손님이 없어 파리 날리는 생선가게와 손님이 많은 생선가게
이 중 어느 쪽 생선이 더 신선할까? 손님이 많은 쪽이다
신선도의 차이는 판매가격에 반영되어야 옳지만
가격이 같다면 한쪽은 비싼 것, 다른 쪽은 싼 것
한쪽 손님은 바가지를 쓰는 것, 다른 쪽은 대박 난 것
손님은 신선한 가게로 몰린다. 실질적으로 싸기 때문이다
신선도가 가격이다

국내의 한 백화점은...
년 매출 3천만 원 이상 고객에게 발레파킹을 해준다
단골고객의 추가구매는 신규고객의 유치비용을 줄여주므로 구별하여
페이백 서비스와 우대 서비스 등 실질적으로 가격을 깎아 주어
드러난 가격은 건드리지 않고 실제 가격을 낮춘 것이다
할인받은 가격이 실제 가격이다

상가는 위치가, 주식은 미래전망이 실제 가격이다
건강하면 보험료가 내려간다. 건강이 실제 가격이다
나이가 젊으면 보험료가 내려간다. 나이가 실제 가격이다
보험료는 실제 가격이 아니다. 보험인이 실제 가격이다

보험인의 가격은…
마음에 품고 있는 철학과 지식, 보유한 충성고객의 질質이다
주식의 액면가격은 5백 원 혹은 5천 원에 불과하지만
미래의 실적전망을 반영한 시장가격이 실제 주가인 것처럼
보험계약은 보험료가 고정된 상태에서 보험인의 실력과
그가 전개할 재무 콘서트, 고객관리, 고객관계의 질로 변동된다
이것이 보험계약의 실제 보험료다

보험회사는 어떨까?
소속 보험인과 그들의 가족이 회사의 최대 고객인 점을 고려할 때
자산규모가 아닌 소속 보험인의 장기근속 비율과 그들의 보유 고객,
그 고객의 축적된 자산일 것이다. 이것이 회사의 실제 가격이다

첫회 보험료의 意味

보험료로 지불된 돈은...
생명을 불어넣은 돈이고 사랑과 결합된 돈이다
1회 보험료를 납입한 순간은 생명을 불어넣은 순간이 되고
이 4차원의 사랑과 결합된 돈은 드디어 활동을 시작하여
내 자신과 가족을 3차원의 사랑인 보호保護를 시작할 것이다
이 돈은 나의 분신分身.Avatar이고 나를 대신한다
이 돈은 현재의 즐거움(효용)을 가족을 위해
몸을 내던진 독립투사의 정신이 담긴 돈, 돈의 안중근 의사다
돈도 그렇게 변신할 수 있는 것
제자리를 찾은 돈, 신분상승을 이룬 진짜 돈 _ Real Money
그 돈은 훗날, 아니 조만간 닥칠 최악의 상황에서
치료비와 간병비, 생활비와 학자금 등
당신과 당신의 가족만을 위해 지출될 순수한 비용이다 _ Only Family

그 돈이 진정한 의미를 가지려면...
당신 스스로 준비해야 추진력이 생겨
저~멀리 인생의 목표지점까지 날아가는 것
당신의 보험계약이 보험인의 실적에 기여한 것은 분명하다
뭔가 해줬다는 뿌듯함을 갖는 것도 당연하지만

그 자부심은 부수적이고 작은 이익을 얻고자 누려야 할 모든 혜택을
그 자리에서 종료시키면 안 된다
보험료를 대신 내줄 수 있다. 하지만 지금은 안 된다
마지막 납입할 보험료를 그때 가서 축하선물로 기꺼이 줄 수 있다
하지만 지금은 안 된다. 그 돈이 부정을 타면 안 된다
그때까진 당신이 기꺼이 부담해야 한다
당신의 소중한 보호의 마음으로 청약서에 생명을 부여하려고
서명하려는 거룩한 순간에 다른 돈, 다른 마음이 초를 치면 안 된다
보험계약의 전제조건은 오로지 위험에 처한 당신과 가족일 뿐이고
대신 내준 돈의 분량만큼 보험금을 나눠 줄 것은 아니지 않는가

제발 소탐대실하지 마라
당신의 보험人이 당신과 당신 가정을 축복하게 하고
당신에게 감사하게 하고 더 오래 더 멋지게 성공함으로
오랫동안 기원할 수 있도록 해야 한다
그렇게 하자. 보험계약은 그렇게 하는 것이다

드러난 선택의 결과 結果

나의 재무설계사는... 아주 오랜 기간 사귀어 온 친구입니다

오랜 시간에 걸친 인맥은 나에게도 많은 도움을 줍니다
그의 소개로 멋진 배우자와 결혼을 했습니다
그는 항상 계절과 상황에 맞춰 자신을 멋지게 연출해 냅니다
그를 볼 때마다 성공자의 모습이 그려집니다
그는 보험설계에 앞서 자신의 꿈과 미래를 먼저 말합니다
그는 나의 성공모델인지 모릅니다
그는 고객이 많아지자 차량과 비서를 고용했습니다
그는 자기계발에도 열심입니다
끊임없이 공부하고 때론 밤을 설치며 자격증을 공부합니다
가끔 대형서점에 들렀을 때 어김없이 자신이 읽을 책과
선물한 책을 고르는 그의 모습을 봅니다
그는 항상 내게 감사하다고 합니다
이렇게 오래 일을 할 수 있었던 것은
고객이 주는 월급 때문이라고, 감사하다고,
시간이 갈수록 내가 내는 보험료가 저렴해질 거라고,
그렇게 만들 거라고... 두고 보라고...

이런 대화

보험 청약서에 사인하는 것은
간절한 마음의 기도와 더불어 몸 기도를 드린 것이다
세상의 법칙은 심는 데로 거두는 것이다

그리고,
이 일을 기획한 보험인에게 감사하라
그가 없다면 이 일을 누가 하는가?
그는 슬픔조차 희망으로 바꾸고 있는 것이다
보험인에게 이렇게 말하라

"고맙습니다. 감사합니다. 기꺼이 이 일을 맡아 주셔서…"

그러면 그도 이렇게 말할 것이다

"축하드립니다. 그리고 감사드립니다.
많은 재무설계사 중에 저에게 맡겨 주셔서…"

과도한 보험료의 기준

'보험료는 수입의 8~10% 정도면 적당하다?'

누가 말했을까? 도대체 인생과 보험을 알고 말하는 것일까?
누구의 말인지도 모르면서, 교과서처럼 가르치고
신인은 지인과 고객들에게 그대로 옮긴다?
고액을 판매하는 보험人은 부도덕한 사람들이란 말인가?
그럼 은행대출은 왜 그렇게 과도하게 받았는가?
배정된 우리사주를 사려고 은행대출은 왜 과도하게 받았는가?
왜 무리를 해서 집을 샀는가? 미친 것 아닌가
보장은 금융의 집인데 왜 좀 과도하면 안 되는가?
당장은 무리가 되지만 그것이 싸다면 무리라도 해야지
저축도 무리하게 저질러야 하는 것 아닌가?

경제가 어려워지면 가계지출 중 식료품 비율이 100%가 되는 것
먹는 것도 8~10%로 맞춰야 될 것이다
결론적으로... 보험의 마음이 전혀 없는 사람들은
보장(재무)분석을 하고 TV와 라디오 출연을 해서
설계사들이 연금보험을 판매하면서 지나치게 겁을 준다는 등
보험의 마음을 왜곡한다

아니, 겁을 줘서라도, 가족에게 돈을 줘야 하고
무리를 해서라도, 노후를 대비해야 하는 것이 아닐까?

보험人에게는 일종의 기준이 있어야 한다
바로 보험의 마음이다. 기준이 없으면 이리저리 휘둘린다
경제학 박사라도, 보험학 박사라도, 그 속에 보험의 마음이 없으면,
보험의 실체를 모르는 것이고 가짜다
경제학 박사가 아니라도, 보험학 박사가 아니라도 그 속에
보험의 마음이 있으면, 보험을 아는 것이고 진짜다
유관순 열사를 알아도 그 마음을 모르면 모르는 것이다
책을 읽어도 저자의 마음을 모르면 읽지 않은 것이다
내용은 잊어도 마음은 기억해야 한다
보험은 단순한 금융공학의 파생상품이 아니다
돈 벌려고 이리 짜맞추고 저리 짜맞춘 것이 아니라 마음이다
　·
　·
　·
　·

학문이라면 '마음學' 이겠지...

보험人이 만들어야 하는 것

내 부모의 직업이 보험人 임을,
내 배우자의 직업이 보험人 임을,
내 사위, 며느리, 자녀의 직업이 보험人 임을,
지금보다 더, 아니 훨씬 더…

'자랑하게 만드는 것'

저 남자를 내 사위로 삼았으면… 내 아들이었으면…
저 여성을 내 며느리로 삼았으면… 내 딸이었으면…

'그런 사람이 되는 것'

저분 정도라면 나도 도전해보았으면…
저분처럼 하면 나도 성공할 수 있을 것 같은데…

'그런 보험人의 역할모델 Role Model이 되는 것'

이것이 현재를 사는 보험人인 당신의 사명!

외계人의 방문訪問

3차원의 설계사와 4차원의 보험人은... 차원이 다르다

생각도 다르고 말의 시작도 다르다
3차원은 보이는 영역... 4차원은 보이지 않은 영역
중요작업은 4차원에서... 형식적 작업만 3차원에서
성공한 보험人의 성공 사례와 보험금 지급사례가
3차원적 결과만 나열한 것이라면... 시간낭비가 되는 것

3차원 설계사는... 보이는 것을 말할 수 밖에 없다

자료를 보여 주고, 무형의 것을 유형의 것으로 표현하려 애쓴다
신문 기사와 좋은 자료를 찾아 헤맨다. 그것들이 없으면 힘들다
주로 짧은 시간여행을 하고 생生에 포커스를 맞춘다
긴 시간여행과 높은 공간은 가보지 않은 영역이므로
연금도 저축으로 설명할 수 밖에 없다
4차원적 마음의 변화를 전혀 이해하지 못한다
마음의 변화를 일으킬 4차원적 언어를 이해하지 못한다
마음의 변화에 시간이 필요하다는 사실도 이해하지 못한다
결과만 말하고 감정과 느낌을 말할 수 없다

돈 이야기로 시작하고 보험료 인상과 같은 클로징만을 시도한다

4차원 보험人은... 보이지 않는 것을 그려 준다

주로 긴 시간여행과 높은 공간여행을 하기에 생.노.병.사.를 말한다
지인을 저 높이, 저 멀리 성층권까지 데리고 올라간다
거기에서 조나단 리빙스턴(갈매기의 꿈)을 만난다
이 구름 위에 있는 꿈의 공간은 비도 눈도 없다
기상이변도 대기변화도 감지되지 않는다
맛있는 기내식이 준비되고 와인까지 곁들이고 나면
그저 편하고 깊은 잠을 잘 수 있는 프레스티지 공간이다

이 4차원의 맛을 느낀 지인은...
이제 3차원을 내려다보며 그동안의 어리석음을 반성한다
3차원의 사무실에서 3차원의 설계사와 4차원의 보험人이
물과 기름처럼 섞여 있는 모습을 보자
기름은 물 위에 뜨고 물의 축하를 받는다. 물은 생각한다

'난 왜 시상대에 올라갈 수 없는 걸까
기름은 아마 외계인일 거야...'

4명의 설계設計 포인트

한국계-미국인이란 말은...
서류상 국적은 미국인, 마음은 한국인
마음의 국적은 정체성을 의미한다
한국과 미국의 축구경기에서 누구를 응원할까?

1. 보험人은 위험관리에 포인트를 둔다
2. 세일즈맨은 판매실적에 포인트를 둔다
3. 금융인은 포트폴리오에 관심이 있다
4. 1.2.3번을 다~포함한 자는 정신이 없고 항상 갈등한다

겉으로 드러난 것은 모두 보험일을 하는 재무설계사!
하지만 마음속 실체를 들여다보면 뭔가 다르다
이들의 실체가 드러나는 순간은 무엇부터 시작하느냐라는 것

1. 보험人은 기초보장에 충실하다
2. 세일즈맨은 수수료가 많이 나오는 것부터
3. 금융인은 세트판매를 한다
4. 1.2.3번 다~포함한 자는 하여튼 정신이 없다

누구에게 이익이 되는지를 살펴보자

1. 보험人은 보험가치의 소속
2. 세일즈맨은 수수료 명세서가 소속
3. 금융인은 대부분 회사 소속
4. 1,2,3번 다~포함한 자는 아직도 갈등한다

보험가치를 파는 자와 보험상품만을 파는 자는
똑같이 돈을 벌고 있다 해도 명확히 구분되어져야 한다

일을 시작했으니 도와달라는............. 점포개시형 설계사
3년 택배를 보내고 정성을 다한......... 지성이면 감천 설계사
도움을 주고 답례로 계약하는............ 물물교환 설계사
승진축하 화분을 보내고 계약하는...... 부담스러워 설계사

다만, 보험가치가 설 자리만은 사라지지 않도록...

긍정肯定을 선택하라

'지나친 장수는 재앙입니다' _부정
'국민연금은 문제가 있습니다' _부정

'그 회사는 유동성의 문제가 있어요
망할지도 모르기 때문에 보험금을 못 탈지도 몰라요' _부정

'그 신인이 얼마나 다닐 것이라고 보십니까?
저처럼 우수인증 설계사인가요?' _부정

'장수는 축복입니다. 축복을 만들어 가세요' _긍정
'국민연금은 좋은 것입니다. 좋지만 소액이지요' _긍정
'참 잘하셨습니다. 인생의 좋은 기회를 가지셨네요' _긍정

긍정은 계약체결을, 부정은 그 반대가 된다
부정의 말들은 고객을 동요시킬 뿐 변화시킬 순 없는 것

'머리가 나쁜가 봐' _변액보험 시험에 합격한 자가 떨어진 자에게
'일은 못해도 공부만 잘 해' _변액보험 시험에 떨어진 자도 합격한 자에게
'열심히 안 하나 봐' _실적이 좋은 자가 안 좋은 자에게

'어쩌다 한 건 한 것이겠지, 왜 남자(여자)고객만 많은 거지?'
_ 실적이 안 좋은 자가 좋은 자에게

'제대로 안 하나 봐' _ 유지율이 좋은 자가 나쁜 자에게
'맑은 물에는 고기가 못 살아' _ 유지율이 나쁜 자가 좋은 자에게

왜 그러지? 똑같은 보험人끼리
그 욕이 자신에게 돌아올 텐데...

졸업여행의 成功

아무도 안 가겠다는 졸업여행!
부족한 인원수로 고민하던 과대표는 강의가 끝난 후
까만 칠판 위에 여행지의 풍경사진을 펼쳐놓고
여행일정을 브리핑하고 낭만과 추억을 말한다

결국.. 졸업여행은 성공!

21세기는 꿈의 시대 Dream society다
꿈을 팔고 꿈을 설계하여야 한다
그래야 당신도, 지인도 행복해진다

보험入 다음~

내가 제대로만 한다면...
보험은 나에게 성공을 선물할 것이고 합당한 대가를 지불할 것이다
보험은 원한다. 자신이 보험답게 설계되길... 임자를 만나길
난 운명적으로 보험에게 선택당했다
금지옥엽으로 키운 딸을 지참금 줘서 시집보내지 않듯
보험은 보험 자체로 좋은 것, 결코 다른 가치로 현혹시키지 않겠다

왜 지인이 내 말을 들어야 하는지
그렇지 않으면 어떻게 되는지
지금 그대로 두면 어떤 결과가 나오는지
왜 지인이 내 고객이 되어야 하는지도 설명할 것이다
나와 지인이 엮는 아름다운 인생 콘서트를 개최할 것이다

그에게 진정한 친구가 과연 한 명이라도 있을까?
누구 하나 이익이 없으면 밥 한끼 사지 않는다
친구라고 생각했는데... 진정한 친구가 있다고 자랑했는데...
그것이 망상이었다는 것을 알 때는 너무도 허탈할 것이다
난 그에게 친구가 되어주고 말을 차분히 들어줄 것이다

결핍욕구의 한계 限界

보험일의 시작동기가 돈의 결핍이었다면...
일을 하는 과정에도 주력상품은 수수료가 높은 상품이 되고
이왕이면 납입여력이 많은 지인을 중심으로 만나고
이왕이면 고액으로 권하고,
이왕이면 몇 가지 상품을 동시에 권하고,
과정보다 체결을, 어프로치보다 클로징을 더 중요시한다
하지만 이 결핍욕구는 한 번 충족되면...
더 이상 동기부여의 원인으로 작용하지 않는다
일의 동기가 사라진 활동은 중단되고 결국 그만두게 된다
결핍을 천천히 해소하면 장기 근속자가 되고
결핍을 일찍 해소하면 조기 탈락자가 된다
생리적 욕구, 안전 욕구, 사회적 욕구, 존경 욕구가 이에 해당하고
새로운 동기부여를 위해 소득목표를 매번 다시 설정해야 한다
결핍이란 원하는 목표와 현재와의 GAP불일치이다
그 GAP이 괴로움을 주고 이를 해결하면서 일을 하는 방식,

보험일의 동기가 자기발전, 자아실현이라면 '성장 욕구'다
이 '성장 욕구'는 충족이 될수록 욕구는 더욱 증대된다
이것이 전문가의 마음이고 장인정신이다

매주, 매달, 매년 소득목표를 만들 필요가 없고
소득의 증감과 관계없이 최선을 다한다

예를 들면
'~까지 보장자산 10억 고객 100명 만들기'
'~까지 65세 연금 수령액 300만 클럽 100명 만들기'

난 수수료手數料만을 위해 일하나?

'포스트 모더니즘 시대에 사는 사람들은…
과대선전을 믿지 않을 뿐 아니라 믿으려고 하지 않는다
그들은 상업으로 배부르게 되었지만
진정한 만남과 교제에 굶주리고 있다. 외로운 것이다
그러므로, 보험人은 반드시 '선한 이웃' 이 되어야 한다
그러기 위해 미소 짓기, 아이에게 친절하기, 진심으로 들어주기
지속적으로 관심 갖기, 감사하기, 마음 열고 친구 되기…'

재무설계사가 수수료만을 위해 일한다고 보는가?
늙어가는 1,600만 명의 베이비붐 세대의 노후를 구출하는 일
대한민국 가정을 보호하는 일
제대로 된 보험人이 되고,
그들의 가족이 되어 때를 놓치지 않도록 하여,
그들의 인생을 성공시키는 것
그것이 당신의 열정과 자부심의 원천이다

오늘의 哲學

인간이 추구하는 것은 '행복한 삶' 이다
제아무리 행복한 삶을 살았다고 해도 죽는다
오늘 태어난 아이가 5년이 될지, 80세가 될지, 100세가 될지,
교통사고로 사망할 지, 병으로 사망할 지, 아무도 모른다
그 아이가 암에 걸릴지, 암에 언제 걸릴지도 모른다
죽는 순간 알게 되는 것, 암에 걸리고 나면 비로소 알게 되는 것
게놈지도를 분석해도, 치료제가 없다면, 차라리 모르는 것이 낫다

인생은 10대, 20대, 30대, 40대… 일 년은 봄, 여름, 가을, 겨울…
한 달은 30일, 일주일은 월, 화, 수, 목, 금. 토. 일…
다 중요하지 않다. 오늘이 중요하다
내일이면 또 오늘이 오고, 계속해서 온다. 다~오늘이다
오늘 안에 일주일이, 한 달이, 일 년이, 인생이 다~있는 것
오늘은 한 주간 안에, 한 달 안에, 일 년 안에 다~포함되는 것
오늘을 살아야 한다. 언제 죽을지 모르는 인생이라면
오늘을 감사히 여기며 하루를 한 달처럼, 한 해처럼 살아야만 한다

오늘은 인생에서 다시 돌아올 수 없는 Special day
당신은 단 하나의 지문 Fingerprint을 가진 특별한 존재

내가 전하는 것은 기쁜 소식Good News, 혁신Innovation!
때론 창조적 파괴를 동반하는...
지인도, 지인의 가족에게도 경제적 독립기념일이 된다

돈으로부터의 자유, 가난의 독립선언
홀로서기의 명백한 증거, 결정타
안타가 아닌 장외 홈런, 성공을 위한 패널티킥
단순한 사랑 고백이 아닌 수십 캐럿의 다이아몬드
가족사랑의 기념비, 장수입장권과 가장면허증

이 작업을 시작하려고 약속을 정하는 보험人의 전화 한 통은
이 세상에서 가장 고귀하고 소중한 것
수많은 고객명단 중, 오늘 만날 단 한 사람에게 집중하고
에너지를 다~쏟아야 한다. 그러면 된다. 내일은 없다. 오늘이다
오늘 살다 죽는 하루살이처럼................. 그렇게 간절해야 한다

가입설계서 哲學

매일 컴퓨터에서 발행하고 있는 가입설계서의 한 줄 한 줄의
보장금액은 그날이 오면 반드시 지급될 현찰이다. 이것은 기적이다

내가 없어도 신랑(회사)이 신부(고객)를 끝까지 지킬 것이다
이 가입설계서에 인쇄된 금액이 현실이 되도록
이 금액이 끝까지 지킬 수 있도록 생명을 불어넣어라
오늘의 고심한 결과는 이 세상의 그 어떤 가치보다 위대하다
실망 말고… 좌절 말고… 터질 것 같은 그 마음을 전달하라
이 가입설계서는 전달되어지기만을 간절히 원하고 있다
반드시 전달되어져야 하고 반드시 설명되어져야 한다
이 가입설계서가 단순한 종이인가? 단순한 종이가 아니다
유통과정 없이 가족과 직거래되는 생활비다. 교육비다
뭘 망설이는가, 뭘 주저하는가?
그 500원 짜리 종이가 5천만 원으로, 5억으로 변한다
그 기적을 만드는 직업이 바로 보험인이다
소중한 사랑! 그 사랑을 나눌 일생일대의 소중한 순간이 왔다
보라! 당신의 명함에 무엇이 적혀 있는가? 바로 'FC, FP, 보험인'
그 위대함이 느껴지도록 해주라

보험人 哲學

보험일은 보험 안에 담긴 가치와 보험이 해결책이란 사실만
제대로 알면 보험에 미친다. 미친 자가 세상을 바꾼다

직장인은 매일 출근하지만
세상에는 할 일이 없이 어떻게 놀까만 고민하는 사람도 있다
젊어서 고생, 늙어서 행복한 패러다임을 잊고 젊은 날의 빠른
성공으로 50대 초반에 무료한 시간을 갖자. 반드시 성공하여,
알뜰함을 미덕으로 삼지 말고, 획기적인 수입으로, 내일이 아닌 오늘,
성공을 누려야 한다. 자신의 가슴속으로부터 울리는 내면의 소리에
직접 응답하고 자신이 갈구하던 삶을 스스로에게 선물해야 한다
어릴 적에 장난감을 사고 싶었지만 부모가 가난했다?
이젠 성공해서 어린 당신에게 돈도 주고 장난감도 주라
이젠 자신을 만족시키고, 가난한 부모도, 세상도, 비난하지 말자
이젠 가난이 꿈을 단념하게 하거나 체념하지 못하게 하자
하늘이 무너져도 솟아날 구멍이 보험이고 보험일이다
지인은 보험금을 타는 그날에 당신의 공로를 잊을 것이다
어쩌면 당신의 존재도 잊혀질지 모른다. 그저 수수료만 받을 뿐,
가슴속에 뿌듯함을 안고 언젠가는 보험일을 그만둘 때가 온다
그때에 당신의 존재감은 수많은 가정을 독립시킨 독립운동가다

보험일에 최고가 되려면 최고의 보험人이 되면 된다
당신의 철학을 소개하고 지인 안에 내재된 사랑을 끄집어내면 된다
그 사랑은 당신의 마음 안에도 있다. 그것을 공유하는 거다
지금까지가 모두 실패였고 현재의 삶을 개선하고 싶다면
하루빨리 기존 방식에 사표를 써야 한다
안 그러면 전과기록만 올라가고 아무 쓸모없는 별(경력)만 쌓인다

리처드 바크가 쓴 갈매기의 꿈을 읽어 본 적이 있는가?
그 갈매기는 아무리 비가 오고 눈보라가 몰아쳐도 더 많은 먹이를
얻기 위해 더 높게 날아올라 새로운 공간으로 가고자 했다
어렵지만 해내자! 그곳에는 이미 많은 갈매기가 있다
갈매기라도 다 같은 갈매기는 아니다
우리는 꿈을 가지고 신분상승을 꿈꾼다
우리의 꿈과 지인들의 꿈을 컨설팅하고 함께 날아오르자

가치가 있는 정보

보험人과 만나, 그의 말을 듣는 것은...
그 자체로 참 좋은 일이다. 당신과 가족만을 위한 일이기 때문에
그러므로, 보험人과의 만남을 항상 0순위에 두라
바뀔 수 있는 1순위 말고, 절대 못 바꾸는 0순위 말이다
0순위에 두지 않으면 나중에 책임 못 진다
수첩에 예약된 만남은 0순위 만남이므로 소중히 여기고
동그라미를 여러 번 쳐라! 별표 5개와 중요표시를 해라!

보험人이 설명하는 것이 가치가 있고 도움이 된다면
그것은 단순한 말이 아니다. 소중한 인생의 정보다
가치 있는 정보는 즉각적 Right time 이어야 한다
투자가치는 시기에 따라 달라진다
그때를 놓치면 아무짝에도 쓸모없는... 종이들, 설명들

촛불집회

광우병狂牛病의 잠복기간은 30년이다
잠재된 위험은 잠재적이라 무시되기 쉽다

IMF사태는...
국가도, 회사도, 상사도 보호해주지 않는다는 것을 배운 계기
미국산 소고기사태의 원인이 되었는지도 모른다

가장인 당신도, 당신의 가정을 위해 촛불을 들어야 한다
나는 이제 당신 가정에 뭔가 조짐이 보이면 촛불을 들 것이다
언제든 가난해질 수 있는데도
아무런 조치를 취하지 않고 있기 때문에...

불리한 전황戰況을 보도하라

사실이기에 믿는 것이 아니다. 믿고 싶기에 믿는 것
2차 대전 때 믿고 싶지 않았던 불리한 전황 그대로를
용기 있게! 사실대로! 보도한 영국의 신문, 데일리 메일
사람들은 돌을 던졌지만, 필요한 조치를 위한 초석이 되었다

보험人인 당신!
지인을 위한 데일리 메일 기자!

TIP. 가족에게 편지를 써야 할 곳

- 갑작스런 사망 시
- 투병 후 사망 시
- 후유장해로 일을 못하게 될 경우
- 암에 걸렸을 때

수학의 2가지 이론을 생각해보자
'두 점 사이의 최단거리는 직선이다'
'평행하는 두 직선은 만날 수 없다'

마찬가지로
저축과 보험은 다른 목적을 가지고 있고
저축이 생生이라면 보험은 노.병.사 문제의 최단거리라는 것
저축과 보험은 보완재補完財로 만년필과 잉크, 연필과 지우개
최고급 파카 만년필도 잉크가 없으면 소용없는 것과 같이

Chapter 5
나의 쉼, 나의 삶

당신은 과연 축복의 통로가 되고 있는가?
혹시 축복의 주인공이 되려고 하는 것은 아닌가?
보험가치가 있을 자리에 당신이 앉아 있지 않은가?
타인은 당신이 무너지기를 기대하는 심리가 있다

무기는 다름 아닌 박수

보험의 마음은 그런 당신을 외면하고 손을 놔 버린다

다시 겸손한 자세로 돌아오라

시상式에서

여기는 1년간의 보험인의 성과를 축하하는 자리
팡파르가 울려 퍼지고 도열한 보험회사 임원들
멋진 복장을 한 시상자들이 목에 메달을 건다
이어진 연예인들의 축하공연, 호텔 뷔페 식사… 시상자의 면면은

임원line _ 보험인, 금융인, 샐러리맨, 금융사업가
1번 line _ 보험인, 재무설계사, 세일즈맨, 강매 전문, 택배 전문
2번 line _ 야누스(보험인1/2, 세일즈맨1/2), 보험료 대납 전문

Ship은 시상식에 올라가지 않는다. 실제 일은 그가 다 했는데도…
Ship은 어디로 갔을까? 일부는 행사장 안에 간혹 있고
대부분의 Ship은 행사장 밖으로 쫓겨나 엉엉 울고 있다
행사가 끝난 후 Ship을 찾지 않은 채 다들 집으로 돌아간다
밤새 밖에서 잠을 잔 Ship은 노숙자가 되어,
날이 밝았는데도 서울역, 용산역 계단 구석에서 누워 자고 있다
시상자들은 행사가 끝난 다음날, 일이 손에 잡히지 않는다
무엇을, 어떻게 해야 할지, 방황하며 혼자 중얼중얼…

'항상 시상식이 끝나면 슬럼프가 온단 말이야…'

자랑 마라

한국人은 다 잘났다. 당신도, 지인도, 고객도, 모두 다~잘났다
그래서 잘난 체를 하고 싶어 죽겠다
그 잘난 체를 들어줄 사람을 찾아다닌다
대부분의 사람들은 들어줄 귀는 없고 입만 둥둥 떠다닌다
거기에 또 한 입 보태지 마라. 귀를 보태라

당신의 성공을 자랑하지 마라
성공자의 모습을 갖추기 위해 애쓰지도 마라
부러움이 지나치면… 이내 시기와 질투로 변한다
상처난 마음은 더 이상 당신의 성공을 기원하지 않고
실패를 기원하는 마음으로 변해버리게 된다

방법이 있다! 당신이 받은 꽃다발을 고객에게 주는 것이다
꽃다발과 함께 흥분된 마음도 함께 던져 기쁨을 나누면
당신은 평정심平情心을 찾고 마음의 연단演壇에서 내려올 수 있다
그 상태가 바로 고객과 다시 만날 수 있는 상태
고객으로 하여금 당신이 이룬 성공의 희생자란 오해를 하지 않도록
모든 성공이 고객을 위한 적절한 것이었음을 굳이 알게 하자

당신이 한 일이 아니야

당신이 한 일이 아니야, 보험이 한 일이야
보험이 지인의 마음을 헤집고 들어가서 변화시킨 거야
라이프사이클이 지인의 마음을 움직인 거야
지인이 가족을 보호하려고 결심한 거야
당신이 챔피언, MDRT^{백만불 원탁회}의 회원이 된 것이 아니야
당신 안에 있는 보험가치가, 지인의 마음이
진정한 챔피언이고 MDRT야, 겸손하게 시상대에서 내려와야 해

'내가 잘해서… 내가 잘 팔아서…' 이 마음으로는 안 되는 거야
그래서 올해 챔피언이 내년에는 안 보이는 거야
당신이 취한 꽃다발, 찬사, 박수갈채를 던져서
보험가치에게, 지인과 가족에게, 응원해 준 모든 이에게
당신이 취하려고 했던, 당신이 만끽하려고 했던 그 영광을
아낌없이 던지고, 다시 평정심을 가지고, 다시 정신도 차리고

쉽, 어디 갔지?

Ship에 충만하면 난 지인을 만나도 무척이나 열정적이 됩니다
준비하지도 않았던 말을 자신있게 던지게 됩니다
난 Ship이 충만해야 이 일을 잘할 수 있으리라 봅니다
비록 어려움이 닥쳐도 넉넉히 이겨낼 수 있을 것입니다
매니저는 나에게 '성공하려면 일에 미쳐야 된다' 고 말했습니다
내 생각도 Ship에 충만하면 일에 미칠 수 있을 것 같습니다

어떻게 하면 Ship에 충만할 수 있을까?

주변을 살펴보면
항상 충만한 사람의 Ship은 마음속에 있기 때문에 무엇이 들었는지
알 길이 없고 행동변화와 상품판매 패턴으로만 확인될 뿐이죠
나도 한때 Ship에 충만할 때가 있었습니다
문제는 그 Ship이 오락가락한다는 것이죠
나의 Ship은 조수간만의 차가 심해서
Ship에 충만할 때를 비디오로 찍어 지인들을 만날 때마다
'그대로 보여 주면 어떨까?' 라고 생각하기도 했습니다
도대체 나의 Ship은 왜 그리도 변덕이 심한 것이지...
신인 시절, 가장이 사망한 후 남은 가족이 생활고에 시달리는

비디오를 보고 눈물도 많이 흘렸지만 요즘은 안 나옵니다

어떻게 하면 이 토라진 Ship을 달랠 수 있을까요?

Ship은 특히 보장성 판매에 도움이 되었습니다
보장성을 팔아야겠다고 결심한 나는 전에 쓰고 난 뒤 내버려 둔
Ship을 찾기 시작했습니다. 발견된 곳은 마음의 한쪽 골방이었죠
나의 Ship은 먼지가 잔뜩 앉은 채 잠들어 있었습니다
그 Ship을 꺼내 들고 먼지를 조심스럽게 털어 내며
애써 미안한 표정을 지으며 달래 봅니다

'나의 Ship아~ 나를 용서해줘'

혼수상태인 것 같습니다. 가쁜 숨을 쉬며 일어날 기색이 없습니다
난 잘못을 용서해달라고, 이번엔 잘하겠다고... 귓가에 속삭였죠
하지만 두 번은 안 속을 것 같습니다. 그때 난 깨달았죠.
내 Ship이 가쁜 숨을 멈추는 순간, 내 일도 끝나버릴 것이란 것도,
일을 계속해보아도 생명이 없는 일이란 것도
한번 떠난 Ship은 상처난 마음입니다
떠난 Ship이 다시 돌아오려면 긴 시간의 슬럼프를 거쳐야 합니다
하지만 난 마지막 희망을 걸고 그의 곁에 무릎 꿇고 기도합니다
다시 살아나면 결코 홀로 두지 않으리라는 결심과 함께!

쉽, 넌 누구야?

사람을 만났다면 신체, 의식, 마음 중 마음을 만난 것
마음과 정신은 몸을 지배하는 작동원리
마음은 물이고 보험가치는 파란색 잉크
물에 매실을 넣으면 매실차가 되고
오렌지 액기스를 넣으면 오렌지 쥬스가 되고
설탕을 넣으면 설탕물, 소금을 넣으면 소금물이 되듯
보험가치라는 파란 잉크가 마음에 떨어지면
보험의 마음이 되고, 그 마음을 간직한 보험人이 되는 것

그 마음이 나의 행동과 결과를 지배하여…
결국 내 삶도 바뀐다. 그 마음이 보험人의 미래를 결정하는 것
그 마음이 보험人의 심장이고 알맹이고 씨앗인 것
그 마음이 없으면 씨 없는 수박이요 무정란인 것
그래서 병아리가 될 수 없는 것
그 마음이 있으면 보험人이 되고, 없으면 세일즈맨이 되는 것
그 마음에 사랑의 잉크가 떨어지면 남녀가 사랑하게 되는 것
사랑의 마음이 되면 마음은 사랑의 감정과 표현을 만들어 내고
결혼까지 가는 모든 과정Process을 이끄는 것

사람의 몸은 배, 마음과 정신은 물이다
배는 물에 떠다닐 때 가장 자유롭다
물이 적으면 배가 뜰 수 없다. 출항을 포기해야 한다
물이 배 위에 있으면 뒤집힌 배, 침몰한 배
보험人은 배, Ship은 물이다. 그 물이 보험의 마음이고 철학이다
그 물이 흘러 넘쳐서 배를 띄워야 한다
흘러 넘쳐 나오면 배는 자연스럽게 움직인다. 물부터 터져야 한다
다시 말해 Ship이 먼저 터져서 몸(보험人)이 움직이는 것
왕성한 마음과 정신의 활동량이 몸의 활동량을 이끄는 것
그 물이 마르지 않도록 해야 한다

사람의 마음 안에는 여러 개의 우물들이 있다
물이 부족하면 마음 곳곳에 우물을 파야 한다
파이프를 깊게 넣고 파내려 가다 보면
샘이 꽐꽐 터지는 시점, 즉 깨닫는 시점이 온다
그때까지 계속 파 내려가야 한다
샘이 곳곳에서 터지면 물이 풍부해진다
물이 모여 개천이 되고 강이 되고 바다가 된다
그러면 드디어 배를 띄울 수 있다
우물을 더 깊게 파 내려가는 것을 게을리하면 안 된다
물이 쏟아지면 배는 그냥 밀려 나간다
배가 출항하는 것이 아니라 물이 출항시키는 것이다

사람이 행동하는 것이 아니라 물이 행동케 하는 것이다
보험人이 출항하는 것이 아니라 물(Ship)이 출항시키는 것이다
보험人이 지인을 만난 것이 아니라 물(Ship)에 떠밀려 온 것이다
보험人이 원인이 아니라 물(Ship)이 원인!
이 물이 넘치면 개천이 되고 강이 되고 바다가 된다
강이 되면 물결은 잔잔해지고 평화롭다
잘 들어보자. 이 배에 승선한 선원들의 입가에 흐르는 노래를…

'내게 강~같~은 평화, 내게 강~같~은 평화'

이 조용한 평화로움은 단순한 평화가 아니다
거대한 물살은 신속히 성공의 바다로 흘러 가고, 배는 평화롭다
선원들은 더 이상 노를 저으려고 애쓰거나 화이팅을 외치지
않는다. 외칠 필요가 없다
저 산 꼭대기에서 지속적으로 우물을 파고
샘은 계속 터지고 물을 꽐꽐 쏟아지고 있기 때문이다
이 물살의 흐름은 거스를 수도 없다. 그저 흘러가고 있을 뿐이다

그럼 배는? 당연히 바다를 건너 5대양 6대주를 여행한다
MDRT백만불 원탁회의가 되고 연도대상 수상자가 된다
가족과 크루즈를 타고 전 세계를 여행하게 된다
보험人은 한마디로 '물 만난 배'가 되어야 한다
물은 마음 안 우물에서 터져 생수가 쏟아지는 것이므로

아무도 그 깨달음을 눈치챌 수 없다. 결과만 확인할 뿐이다

보험人은 이제 여행을 즐긴다
남들은 힘들여 수고의 노를 저을 때 콧노래를 부른다
바다로 나가면 수많은 고기떼가 있다. 그물만 던지면 된다
이젠 배고프지 않아도 된다
그러니 물에게 감사하고 그 물을 마시고 기뻐하고 즐겨라

물의 꿈

물의 성질은 이렇다
무상無常이다. 유동성을 가진다
무주無住다. 머무르지 않는다
순환회귀循環回歸다. 다시 발원지로 돌아가려 한다

물은 계속 쏟아져 나와
개천으로 흐르고 강으로 가며 자기진로를 멈추지 않기에
스스로 맑아지고 더러움을 씻어 내며
험한 장애물을 만나면 그 세력을 몇 배로 불려 빠져나간다
결국 그리도 갈망하던 망망한 대해大海로 진출한다
바다는 큰 꿈을 펼칠 공간, 항공모함, 크루즈, 화물선과 같은
꿈을 띄우고 운항할 수 있는 곳. 물은 바로 그 바다를 지향한다
간절히 바라던 바다로 진출한 물은 또다시 꿈을 꾼다
이제 하늘로 올라갈 준비를 하는 것이다
하늘로 올라가기 위해서는 현재의 모습으로는 안 된다
기체가 되어야 한다. 기체로 변하여 하늘로 올라간 물은
구름이 된 후 다시 비가 되어 처음 발원지인 메마른 육지와
산천초목을 흠~뻑 적신다
기체는 화학적 변화와 달리 형태만 변하는 물리적 변화다

기체로 변신한 이유는 공기보다 가벼워져
중력의 지배를 벗어나 하늘로 올라가기 위한 것이다
기체가 되려면 자신의 내부 에너지로는 부족하다
반드시 외부로부터 에너지(열)를 공급받아야 한다

그 물은 바로 신분상승한 돈이다
물이 바다를 떠나가는 이유는 하늘로 올라가기 위한 것
하늘로 굳이 올라간 이유는 다시 내려오기 위한 것
슬픈 상실도, 버려진 아픔도, 영원한 이별이 아닌 잠시 이별이다
절망이 아닌 희망의 약속이다
물이 모아지고 불려진 이유는 큰일을 하기 위한 것이다
그 모아진 물은 바로 바다다. 바다로 가야 큰 배를 띄울 수 있다
바다로 나간 그 물이 에너지와 결합된 순간 기체로 바뀌어
하늘로 올라가 구름이 된 후 다시 지상에 비가 되어 내린다
구름의 목적은 물이 간직한 소중한 꿈을 실현하기 위한 것이다
물은 올라가야 내려올 수 있다. 올라가지 않으면 비는 없다
사막이 사막이 된 이유는 증발된 물이 없기 때문이다
사막은 저주받은 땅, 저주받은 이유는 저주받을 짓을 했기 때문이다
인과응보. 사막은 한 알의 밀알도 땅에 떨어져 썩지 않은 것
에너지는 바로 보험의 가치다
보험의 가치란 무엇인가? 가장의 마음, 사랑, 신념, Ship이다
이 보험가치들은 물과 함께 저 높은 하늘로 올라가고
비와 함께 목마른 가족에게 내린다

바다로 흘러간 물이 발원지로 돌아오는 이 순환회귀循環回歸는
자연의 진리이고 이 진리가 자유롭게 한다
꽃을 피우고 녹음이 우거진 숲을 만들어 새소리가 들리게 한다
메마른 땅에겐 기쁜 소식 Good News 이요 복음福音이다
행복하고 신이 난다. 즐겁고 콧노래가 나온다
이 물의 순환회귀가 메마른 대지를 자유롭게 하듯
돈의 순환회귀는 가족에게 경제적 자유를 준다
돈의 꿈이 이루어진 순간, 기적이 일어난다
이 순간이 바로 천국이요 극락이다
천국과 극락은 하늘에 있는가, 마음에 있는가?
하늘에도 있고 마음에도 있다

물 만난 고기

Ship은 물, 보험人은 고기다. 물 만난 보험人은 자유롭다
보험금은 물이요 가족은 고기다. 물 만난 가족도 자유롭다

극심한 가뭄으로 저수지와 논바닥은 갈라져 있고
가족들의 마음은 바짝 타들어가고 있다
뙤약볕이 내리쬐고 있는 지금, 하늘에는 이상한 조짐이 보인다
하나둘씩 구름들이 모여들기 시작하는 것이다
구름과 구름이 부딪치며 번개와 천둥을 만든다
이내 물기를 듬뿍 머금은 먹구름이 하늘에서 내려와 지상에
단비를 쏟아 내고 있다. 우물을 파던 기계 소음도, 양수기 소음도,
흘리던 땀방울도 다 멈췄다. 단비가 오면 다 필요없다
단번에 해갈된다. 가두고자 했지만, 서럽게 흘러간 과거의
그 물들이, 어느새 구름이 되어 메마른 대지를
이처럼 충만하게 적셔 주고 있는 것. 이젠 물 구하려고 애걸하지
않아도, 오랫동안 샤워해도 된다. 이 어찌 아름다운 광경이 아닌가!

물은 반드시 파내야만 하는 것도, 가둬야만 되는 것도 아니다
하늘에서 쏟아져 내려오면 된다. 축복도 내려와야 한다
비가 내리길 학수고대하고 있을 때 그 기대 이상으로 내리는 비는

단비다. 축복의 비다. 단비는 내려와야 한다
축복의 비는 하늘에서 내리는 사랑이요
천상에서 보내는 편지요 삶의 희망이요 구원의 메시지다

지상의 물은 어린아이다. 하늘로 올라가면 어른이다
지상의 돈도 어린아이다. 하늘로 올라가면 어른이다
보험人의 Ship도, 땅에서는 어린아이다. 올라가면 어른이다

물이 올라간 이유는 구름이 되기 위해서다
구름은 모여진 물이다. 구름이 되면 다시 내려올 수 있다
에너지를 받아 중력을 이기고 하늘로 올라간 물(돈)은
이제 수고할 필요가 없다. 필요할 때 그저 떨어지면 된다
어른이 된 물(돈)은 가장의 사랑과 함께 떨어지는 단비다
유태人의 상속법을 가문의 전통으로 만들어 내려 보내야 한다
그 구름은 가장의 사랑이다. 사랑은 마음이고 혼이다
외식비를 줄여 지출했던 돈들이, 아니 마음들이 이젠 구름이 되어
가족의 식량을 공급할 논에 돈을, 아니 사랑을 무한정 쏟아 낸다

물은 하늘로 올라가면 고소공포증이 있어 외롭다
니체는 '내가 제일 사랑하는 것이 고독이다' 라고 했다
고독이란 '드높은 정신, 높이 올라간 물' 이다
드높은 정신은 깨끗해진 마음이요 맑아진 물, 선한 돈이다
욕심과 이기심, 현재에 안주하는 생각이 없어진 가난한 마음

그 마음이, 그 물이, 그 선한 돈이 내려오려면 올라가야 한다
힘들어도 어른이 되기 위해 올라가야 한다
인생의 시간도, 보험경력도 정체없이 흐르고 쌓일 것이다
흐르는 시간을 잡을 수 있을까? 방법이 있다
일반적으로 '역사적 순간'이라고 하는 때가 있다
깨달음으로 보험人이 된 순간이 바로 역사적 순간이다
우리는 다 같이 'I got it!' 잡았어, 깨달았어라고 외쳐야 한다
그러기 위해 시간을 뽑아 특별한 시간을 내어 하늘로 올려야 한다
지인이 특별한 시간을 내어 재정계획을 수립하듯,
가계부에 저축과 지출 항목에 사용되던 돈들도
따로 뽑아 특별한 돈을 만들어야 하듯,
혈액을 뽑아 남을 돕고, 만일을 위해 헌혈증서를 만들듯,

물이 많으면 자유롭게 헤엄칠 수 있다
활동량이 부족한 것이 아니라 물이 없어 말라가는 것
보험人에게 물은 Ship이다
Ship이 다시는 고갈되지 않도록 샘을 터트려야 한다

마음 엑스포EXPO

보험人의 마음창고에는...
선한 마음의 우물과 드높은 정신의 꽃이 있어야 한다
이 우물들을 파고 수많은 꽃들이 만발하도록 해야 한다
보험人이 만나는 지인은... 걱정, 불안, 두려움의 우물을 가졌다
시간이 갈수록 상황은 악화될 것이다

보험人은 마음쇼핑을 한다
마음쇼핑을 차곡차곡 해 둔 결과 지인의 마음창고 안에
그간의 쇼핑했던 아름다운 '마음'의 꽃을 보따리째 풀어
지인의 빈 마음창고를 가득 채우기 위한 마음 엑스포를 열고
지인은 보험人이 전개하는 프로세스과정 중 배치한
마음의 꽃들로 자신의 마음창고를 채운다

하지만 전시된 마음도 없다
가져오지도 않았고, 가져 온 것이라곤 그저 계약할 마음,
마감할 마음, 어떻게 해 보려는 마음...
그것이 과연 마음인지 욕심인지...

빗나간 환상

많은 보험인은 잘못된 환상을 가지고 있다
열정적으로 설명하고 눈물을 쏟게 할 만큼 감동시켜 서명하게
만든다는 환상! 멋진 자료와 복장, 깔끔한 몸짓으로 설득하고
현란한 질문을 던져 예상된 답변을 유도해내고 지인이 던지는
거절을 멋지게 처리하는 그런 장면 후에 드디어 감동받은
지인은 서명한다는 영웅들의 이야기!
이런 것을 사무실에 모여 비디오로 시청한 후에...

연습, 연습, 연습... 이 연습한 것을 드디어 실전에서
당황, 당황, 당황... 실패, 실패, 실패

신인은 매니저에게 연습과 실전은 다르다고 울먹이며 항변한다
매니저는 그래도 열심히 하면 된다고 말한다
그리고 또 실전에 나간다. 또 다시

당황, 당황, 당황...

대한민국에 똑같은 사람, 똑같은 상황은 없다
68억 세계인구를 뒤져 봐도 똑같은 지문은 한 사람도 없다

얼굴도 사는 곳도 나이도 재산도 다~다르다

인간은 그래서 특별Special한 것
오늘 만남도 지인도 아주 스페셜한 것이다
준비한 자료와 마음, 시간은 온리 원Only One이어야 한다
같은 것은 인지상정, 마음의 흐름 뿐이다
조금 더듬으면 어떤가, 마음 없이 숙달된 입담가보다 낫다
진실하면 된다. 진실만 전달되면 된다

쉽에 충만充滿하다는 것은...

내 안에 사랑이 있으면...
상대방에게 할 말을 고민하지 않아도 된다
무슨 말을 할까 미리 준비하지 않아도 된다
사랑하는 마음만 말해주면 된다
그 마음이 결혼과정 전체를 안내하는 것이다
그 마음이 하는 일을 그저 지켜보면 된다
신혼여행을 떠나고 이미 아이는 속도위반...
과학자가 연구에 몰입하느라 식사를 거르는 것처럼
사랑하면 '나'는 사라지고 하나가 된다. 자녀가 생겨도 하나다
안에 있던 것이 나온 것일 뿐, 부모가 자녀고 자녀가 부모다
사랑하면 닮아 가는 이유도 하나가 되어 정체성이 같기 때문이다
이것이 바로 사랑하는 상태인 것

내 안에 Ship이 있으면...
이젠 스크립트도, 화법도 외우지 않아도 된다
Ship이 다 말하고 표현하고 모든 과정을 이끈다
Ship은 난초가 은은한 향기를 내는 것처럼,
보험향기를 내고 보험인답게 만들어 실적도 자연스럽다
보험이 '나'이고 '나'가 보험이 된다

이것이 바로 보험을 사랑하는 상태. Ship에 충만한 것

보험의 가치는 꽃이다
이 꽃이 마음속에 확 들어오는 순간, 보험을 사랑하게 된다
어린 시절 아버지의 모습이 확 들어오면
아버지가 죽어도 마음속에 있기에 항상 살아 있다고 느낀다
사진을 찍어 꽃이 핀 순간을 두고두고 볼 수 있는 것처럼
마음속에 기억으로 각인된 아버지는 가슴속에 영원히 살아 있다
보험人도 눈, 코, 입으로 입력된 가치를 마음속에 담으면 된다
어떻게 담아야 할까? Ship에 충만하려면 어떻게 해야 할까?
설득시키려는 마음과 자신이 해 보려고 하는 마음을 밀어내고
소중한 마음의 자리를 Ship에게 양보하면 된다
Ship에게 양보한 이유는 보험가치의 생명력을 믿는 것
한마디로 'Ship의 뜻will대로' 하는 것,
가치실현을 최우선으로 하는 것, 아니 그것만을 목적으로 하는 것,
그것이 되면 다 된 것, 그것이 안 되면 다 안 된 것
내가 잘해서, 내가 똑똑해서, 내가 열심히 해서가 아니다
보험가치가 한 일이고, 보험이 지인을 설득하고
마음을 돌려놓은 것이다. 이것을 인정해야 한다
모든 성공을 자신들의 것으로 포장하지 말고
Ship이 한 것을 당신이 한 것으로 가로채지 말고...

당신의 Ship을 망가뜨리는 것이 바로 타인의 칭찬이다

칭찬은 마음을 띄우고 집중하지 못하게 한다
Ship이 들어갈 자리에 칭찬이 들어가 당신이 챔피언이 된 순간
성공했다고 사례 발표하고 남을 가르치려 드는 순간
Ship이 있을 자리를 빼앗고 당신의 자아로 꽉~채우는 순간

.... Ship은 눈물을 지으며 떠나간다

인간 정신은 신체와 같이 절대적으로 파괴되지 않고

그 가운데서 영원한 것은 남는다

_ 스피노자

쉽, 知的인 사랑!

흔히들 이런 말을 한다
'보험에 미쳐야 고객도 미치게 할 수 있다?'

아무것도 모르는 신인이 미치면 광신도가 된다
이런 신인을 만난 지인은 정말 미친다
보험에 미친 것이 아니라 실적과 돈에 미친 것이다
신인은 보험가치에 먼저 미치고 깨우쳐야 한다
머리만이 아닌 마음으로 깨우쳐야 지인을 깨우칠 수 있다
Ship에 충만해지는 과정은 지식과 철학으로 먼저 깨우치고
이것이 기관차가 되어 객차인 감정을 움직인 것
이것이 흔들림없이 전진하는 진짜 Ship이다. 또 이렇게 말한다

'시간이 해결해 준다?'

아이의 몸은 시간이 가면 성장하지만
지식, 마음, 철학은 저절로 성장하는 것이 아니다
보험일을 처음 하는 신인도 시간이 지나면 경력자가 되지만
지적인 성장 노력이 없으면 1년 된 신인, 5년 된 신인이 된다
지인과의 만남횟수가 많아져도 가치전달이 없었다면

결국 자기소개만 반복한 것이다. 이것이 최악의 시나리오!
보험人은 보험가치를 지적으로 알고 깨달아야 한다
알고 깨달을수록 사랑하게 되고 사랑하게 될 때
지긋지긋한 잡일에서 자유로워지게 된다
알면 알수록 더욱 사랑하게 되고 떨어질 수 없다
사람의 기쁨 중 90퍼센트는 알고 깨닫는 즐거움이다
감정과 의지는 흔들릴 수 있지만
보험에 대해 지적으로 형성된 마음과 정신은 변치 않는다
여자아이가 성숙해지면 새 생명을 잉태할 수 있는 것 같이
근본적인 변화를 원하는 보험人이 노력해야 할 것은 바로
지적인 성장과 성숙인 것이다
실적은 결과물이고, 성숙과 성장은 실적의 원인을 만드는 일이다
작은 기적이 아닌 큰 기적을 만드는 원인이 된다
흔히 Ship은 감정이고, 눈물이라고 생각한다
감정은 인생문제를 인식하고 공감한 자연스런 결과다
감정은 있을 수도 있고 없을 수도 있다. 연연하지 말자
이해하면 감동이 온다. 이렇게 표현하는 것이다

"이해하셨습니까?"

보험 한 건 없는 지인을 찾기는 어렵다
하지만 제대로 든 사람, 가치를 아는 지인을 찾기는 더욱 어렵다

쉽, 生命力의 이유!

조경회사에서 나무를 샀다
뿌리와 일정량의 흙을 감싼 채 목적지로 이동한다
목적지에 도착한 후 차일피일 나무심기를 미루는 걸
참다못한 주인이 직접 뿌리를 땅에 심었다. 이제 나무는 살았다
이사하느라 가전제품의 콘센트를 뽑았다. 작동이 중단된다
이사 후 다시 콘센트를 꽂았다. 작동이 시작된다

가지는 나무에 딱 붙어 있어야 생명력이 있다
가지는 나무의 편지이고 잎은 향기를 낸다
가지의 생활정신과 습관은 '딱 달라붙어 있는 것' 이어야 한다
스티커sticker와 포스트 잇post-it은 붙어 있어야 존재의미가 있다
보험가치는 땅, Ship은 나무줄기, 보험人은 가지,
가입설계서는 잎, 실적은 열매이다
보험人(가지)은 Ship(나무줄기)의 생명력을 믿고 붙어야 한다
가입설계서는 보험가치가 숫자로 표현된 암호
당신이 딱 붙어 있으면 설계가 달라진다
나무줄기(Ship)는 땅(보험가치)에 뿌리를 깊게 뻗어
영양을 공급하면 열매는 아주 자연스러운 것
땅(보험가치)과 나무줄기(Ship)와 가지(보험人)와

잎(가입설계서)과 열매(실적)가 하나가 된다
땅과 나무줄기, 나무줄기와 가지가 연결되어 하나가 되면
보험人이 사는 것. 지인은 그 열매를 향유한다
보험人은 그 정신(Ship)을 보험가치에 뿌리를 내려야 한다
휘발유차에 가짜휘발유를 넣으면 당장은 좋지만 차는 망가진다
KTX열차는 고속철로 위에 있을 때 가장 빠른 속도를 낸다

독수리가 닭 속에 있으면 병신취급을 받는다
부리도 튀어나오고 발톱도 날카롭다. 열등감으로 신세를 한탄한다
모이를 먹어도 배가 고프고 왕따를 당한다
고심 끝에 '이대로는 못 살아' 하면서 낭떠러지로 간다
열등한 닭의 일생을 마감하기로 하고 뛰어내린다
곤두박질칠 줄 알았지만 상황은 달라졌다
숨죽였던 본능이 날개를 펴고, 광활한 창공을 멋지게 날고 있는
것이 아닌가? 날개에 힘을 주자 더 높은 곳으로 오를 수 있었다
이제 알았다. 자신이 닭이 아니라 독수리였다는 것을
그동안 독수리를 부러워했었다.
동료 닭들이 쥐와 맹수를 피할 때 자신도 피했고 무서워했었다
'어떻게 하면 닭 중의 닭이 될 수 있을까' 도 고민했다
전에 살던 공간은 자신이 있을 공간이 아니었다
창공이야말로 자신의 신체구조에 가장 적합한 곳이었다
창공에선 너무나 자유로웠다
닭으로 죽으니 독수리로 부활한 것, 촛불을 끄고 태양을 본 것이다

닭으로 죽지 않았다면 창공은 발견하지 못했을 것이다
자칫하다가 병신(?) 닭으로 배고픈 죽음을 맞이할 뻔했다

보험人으로 깨어나, 보험人답게 사는 것은 쉽게 사는 것
세일즈맨이 보험人으로 행세하는 것은 무척 어렵게 사는 것

보험人이 보험의 근본원리에 뿌리를 내리는 순간
독수리였다는 사실에 감격할 것이고
그 순간 생명력이 충전되고 자유로워진다
마치 엄마 품 안의 아이처럼
다리를 쭈~욱 뻗고 내일을 걱정하지 않아도 된다
Ship이 입을 열어 줄 것이고 지혜와 아이디어가 용솟음칠 것이다
이젠 밤잠을 설치며 어떻게 팔까를 고민하지 않아도 된다

왜 탈락脫落 했는가?

보험人이 되었다는 것은...
단순히 직업의 형태가 바뀌는 Job Change나 위치이동 같은
물리적인 변화가 아니라 사람이 완전히 바뀌는 화학적 변화다
태아와 태어난 아기는 분명히 다르다. 반드시 태어나야 한다
태어나지 않은 아기는 호적도 흔적도 없다
보험人이 되어가는 것이 아니라 다시 태어나는 것이다
삶의 근본적 변질變質과 변심變心을 전제로 한다

생명력이 있는 것은 자유롭다
병아리가 알에서 깨어나지 못하고 알 경력만 쌓이면 썩는다
알 경력 1년과 병아리 1년은 근본적으로 다른 것
알이 병아리로 깨어나지 못한 채 기존의 삶을 고집하면 썩는다
알이 병아리가 되는 것은 필연이고 숙명이다
계란으로 죽고 병아리로 부활해야 한다
계란은 아무것도 할 수 없으나 병아리는 돌아다니고 자유롭다
병아리가 되어야 뛰어다니고 모이도 스스로 주워 먹는다
계란 속에서 먼저 병아리가 되고 껍질을 깨뜨리고 나오듯
보험人도 보험가치를 깨달음으로 껍질을 깨고 나와야
자신도 살고 남도 살릴 힘이 생긴다

병아리의 전 모습은 계란, 계란은 병아리의 원인이지만 전혀 다른 것
밥은 쌀이었지만 쌀과 밥은 분명히 다른 것
계란은 소아小我이고 병아리는 대아大我다
껍질은 기존의 보험인식과 고정관념이다
소아로는 아무것도 할 수 없기에 그 껍질을 깨뜨려야 한다
기존 보험인식과 일의 고정관념이란 껍질은 바뀌는 것이 아니다
깨져야 하는 것이고 때가 되면 깨지는 것이 아니라
21일간 안에서 깨고 밖에서 품어 주는 과정이 필요했다
그 과정이 없었다면 아직도 계란이고, 있었으면 병아리다
성숙한 어미 닭을 꿈꾸는 계란이 아무리 어미 닭을 연구하고
지식을 쌓고 공부해도 안 된다. 먼저 깨져야 한다
병아리로 깨어나고 깨어난 병아리가 어미 닭이 된다
성장하고 성숙하는 것은 병아리가 된 다음 일이다
계란의 결론은 병아리이고, 어미 닭의 첫출발은 병아리다
우선 깨져서 병아리가 된 다음 어미 닭을 소망해야 한다
순서가 바뀌면 안 된다. 근본적인 경험 없이 어미 닭은 없는 것

유정란有精卵과 무정란無精卵의 차이는 무엇인가?
유정란은 병아리를 지향하고 현실을 인식한다
그동안 편안했던 껍질공간이 이젠 어둡고 좁다는 것을 깨닫는다
깨달으면 유정란有精卵이요 깨닫지 못하면 무정란無精卵이다
보험人도 병아리가 되는 변질과 변심이 필요하다
소아小我는 무아無我(빈그릇)를 거쳐 보험가치를 담아

대아大我가 된다. 먼저 소아를 깨뜨리자
신인이 아무리 큰 꿈을 꾸고 큰 결심도 해도 지식을 배워도
보험의 철학이 없으면 소아小我이고 계란이다
그 알을 21일만 제대로 품어 주고, 안에서 껍질을 깨는
'병아리 과정'이 필요했지만 헛된 시간만 보냈다
'판매준비'가 아닌 '변질의 시간'이었어야 했다
또한 알 경력으로 계란(신인)을 품으면 어떻게 되는가?
알에서 깨려면 이미 깨어지고 성숙한 어미 닭이 품어야 한다
그런데 어미 닭이 품지 않고 전기장판에 두었다
자아(알)가 여전히 살아 있어 계속 썩고 냄새나는 양계장이 된다

먼저 들어 귀가 트이고 _ Listen
책을 눈으로 읽어 마음에 정착시키고 _ See
마음에 정립된 철학을 기록해보면 _ Write
법정에서 증언하듯 말로 표현할 수 있다 _ Witness Speech

귀와 눈은 마음의 입력도구다. 마음에 입력된 후 내부과정을 거쳐
기록과 말의 출력과정이 없었다. 변심을 거쳐 자유로워진다
무엇이 자유로워져야 하는가?
생각이 행동하는 것, 사람은 생각대로 행동하는 것이다
생각이 보험가치로 깨어진 자유!
그 4차원의 생각, 마음, 철학의 태양이 떠야 한다
달빛은 반사광이다. 마음의 태양이 뜨면 촛불(달빛)은 지는 거다

니체는 '나는 나인 것이 되려고 최선을 다한다'고 했다

보험人이 되면 된다
보험人이 되면 보험人다운 행동이 나온다
보험人이 되자!

몸-맘 不일치

과자공장에 다니는 A씨는 양심적이고 애사심이 투철하다
그에게 고민이 하나 생겼다. 아이들이 과자를 너무 좋아한다는 것
퇴근할 때마다 조금씩 가져다 달라는 아이들의 성화에 못 이겨
하루 이틀 과자를 집으로 나르기 시작했다
하지만 과자는 내 것이 아니라 회사 것이고 걸리면 쫓겨난다
물론 다른 동료들도 과자를 숨겨 나오지만 그는 이런 생각을 한다

'회사를 정말 사랑한다면 이래서는 안 돼'

이런 갈등 속에서 그는 스스로를 회사에 있어서는 안 될 사람으로
자책하게 된다. 그런 사이 몸에 문제가 발생했다
속 쓰림과 어깨 결림, 원인 모를 통증에 시달리게 된 것이다
과자를 사는 비용보다 병원비가 더 들었다. 이 증상들은 결국
사표를 쓰고 난 뒤 사라졌다. 그제서야 원인을 깨닫게 되었다
바로 '몸-맘Body-mind 불일치'

정신분열이란? 정신과 신체가 분열된 것이다
정신분열이 되면 두려움이 생기고 불안하다고 느낀다
하지만 정신과 신체가 '정신통일'이 되면 두려움이 사라진다

두려움이 사라진 상태가 사랑이다. 사랑에는 두려움이 없는 것

놀이공원에서 아이를 잃어버렸다
부모, 자식은 정신이 하나다. 정신과 몸은 함께 있어야 정상이다
그런데 떨어졌다. 부모는 넋이 나갔고 부모와 떨어진 아이는
극도의 불안감으로 울기 시작한다. 미아보호소 직원이 달래고
사탕을 주어도 울음을 그치지 않는다. 드디어 부모를 만나자
울음을 그친다. 해결책은 오직 부모와 만나는 길 뿐이다
다시 만나야 해결된다. 만나지 못하면 해결되지 않는다

남과 북이 38선으로 갈라졌다. 서로 다른 이데올로기가 지배하며
민족정신이 분열되었다. 분열, 불안, 공포로 가득 차 있다
통일이 되면 해결된다. 통일이 안 되면 해결되지 않는다
주말부부도 정신은 하나지만 몸이 둘이 되었다. 극도로 불안하다
공포는 의처(부)증으로 나타난다. 함께 살면 해결된다

자본주의 사회의 정서불안의 원인은 양극화다
사회가 불안하다. 부유층으로 올라가는 것은 막을 수 없다
다만 극빈층으로 추락하는 것을 막으면 된다. 마지노선이 필요하다
안전장치가 필요하다. 그게 보험이다. 보장을 높이면 된다

새로 보험일을 시작하는 신인은 열정으로 가득 차 있다
그 열정은 기존 보험人보다 뛰어나다. 하지만 시간이 갈수록

두렵고 두려움은 공포로 변한다
경력이 오래되어도 그 두려움은 쉽게 사라지지 않는다
교육을 받으면 다시 살아나지만 오래가지 못하고 반복된다
흔히 '요즘 슬럼프야' 라고 말하는 사람이 있다
그러나 1년 내내 슬럼프라면 이미 슬럼프가 아니다
'Ship 결핍증' 이고 보험의 근본적인 뿌리인 철학, 지적인 힘에
연결되지 않았다. 연결되면 살아나고 끊어지면 죽는다
Ship은 정精, 보험인은 신身, Ship과 떨어진 보험인은 정신분열 상태
다시 말해서 몸-맘 불일치! 이것은 진정성眞情性의 문제다

머리의 진眞... 보험가치의 체험,
가슴의 정情... 뜨거운 열정과 사랑

진眞이라는 보험가치를 근본적으로 깨닫지 못한 채,
보험을 싫어하면서도 권하기 때문이다
근본적 뿌리와 '나' 가 일치되어 기쁨이 뿜어 나와야 한다
전기電機란 제너레이터의 전電에서 기氣가 뿜어 나오는 것
전기선이 제너레이터에 연결되어 있어야 한다
보험가치는 태양이고 태양은 빛과 에너지가 충만하다
태양이 뜨면 그동안 태양을 대체하고 흉내 내던 모든 수단Tool,
즉, 수많은 교육과, 현란한 오색빛깔 자료는 휴지통에 던져도 된다
진짜 치료약이 뜨면 가짜 플라시보는 버려도 된다
결혼 대상자가 나타나면 그동안 연애하던 대상은 가짜로 판명된다

가짜를 버려야 진짜를 얻는다

아이에게 친구, 장난감, 음식, 새 옷, 엄마 중
하나를 선택하라면 무엇을 선택할까? 바로 엄마다
엄마만 있으면 다른 건 다~된다. 엄마를 놓친 아이에게 좋은 음식과
장난감은 위로가 안 된다. 보험이 엄마다
보험은 그 엄마를 아이에게 돌려주기 때문이다
보험人에게 Ship이 엄마다. 돈을 벌어도 엄마를 잃으면 다 잃는 것
엄마는 사랑이 있다. 엄마를 가지면 사랑을 가진 거다
이 사랑을 가져야 뭔가를 줄 수 있다. 엄마를 놓치지 않는 것,
엄마의 손을 꼭 잡는 것, 이것이 중요하다
엄마가 사라진 조직도 마찬가지, 팀의 존재이유는...
서로 돕는 모닥불, 즉 도우려고 있는 것. 그런데 경쟁만 한다
모닥불이 되어야 할 팀이 시기, 질투의 싸움터가 되면 폐허가 된다
이것은 세일즈 조직에서 흔히 볼 수 있는 내부지향적 문화다
이 문화는 서로에게 깊은 상처를 주고 롱런을 방해한다

가족의 구심점은 부모다. 부모라도 사랑이 없으면 부모가 아니다
원수다. 사랑이 있어야 가족이고 가족이 '나'라고 느껴야 가족이다
사촌이 땅을 사서 배가 아프다? 가족이 아닌 증거다
흥부와 놀부는 가족이 아니다. 신체적 1촌. 정신적 사촌이다
사랑이 없는데, 빛이 없는데 지인을 만나면 무엇하겠는가?

감기에 걸리면 아스피린을 먹는다
아스피린을 만들기 위해 석탄에서 추출된 페놀을 사용한다
감기로 인한 고열을 아스피린을 먹어 더 높은 고열로 잡는다
한마디로 이열치열以熱治熱, 보험人이 슬럼프로 아프면 열이 난다
더 강력한 보험가치의 아스피린을 먹어야 낫는다
태양은 치료의 광선이다. 그 태양을 가슴에 품으면,
더 이상 태양을 찾아 헤맬 필요가 없다
지인을 만나 가슴속의 내재된 태양을 비추면 된다
양손의 선물 보따리도, 책상 옆에 쌓아 둔 협박 자료도 필요없다
가벼운 손, 가벼운 복장, 충만한 얼굴로 다가가면 된다
다 있어도 태양이 없으면 다 없는 거다
다 없어도 태양만 있으면 다 있는 거다

Ship은 보험人에게 마음의 평화를 주고,
그 평화는 신체건강과 좋은 얼굴색顔色을 준다
Ship에 충만하다는 것은 뿌리와 일치할 때 얻어지는 기쁨이다
기쁨이란 기가 뿜어져 나온 것이다. 그걸 느껴야 한다
가장 어려운 것은 흉내 내는 것이고,
가장 쉬운 것은 보.험.인.이 되는 것이다
보험과 보험일에 대한 고정관념 _ 고장난 생각을 버리고
보다 근본적인 뿌리에 접속하고 있어야 한다. 떨어지면 죽는다
단 하루를 살더라도 보험人으로 살아야 행복한 것
보험人으로 태어나면 하루를 다녀도 기존, 아니면 10년 다닌 신인

당신의 경력은 보험人이 된 순간부터 시작된다
사랑하며 사는 것이 진짜 사는 것이고,
보험의 마음을 나누는 것이 진짜 나누는 것이다
진심으로 보험을 사랑할 때, 즉 보험人이 될 때
비로소 당신은 보험업에 동참하게 된다
당신의 경력은 회사 근속연수, 재무설계사 경력이 아니다
보험人으로 태어난 그 시점부터 현재까지를 말해야 한다

회사 등록 이후 (?)년?
설계사 등록시험 이후 (?)년?
보험人이 된 이후 (?)년!

보험人의 갈등양상 구조는 이렇다

心 보험일은 세일즈 - 行 하지만 기쁜 소식으로 전함(사기)
心 보험일은 세일즈 - 行 세일즈를 함(이기심)
心 보험일은 기쁜 소식 - 行 기쁜 소식을 전함(열정)
心 보험일은 기쁜 소식 - 行 하지만 세일즈를 함(갈등양상)

원하는 학과와 선택한 학과가 다르면 병이 생긴다
잘못된 결혼도 병이 생긴다. 물건을 잘못 사도 병이 생긴다
원하는 것과 행동이 다르면 사랑할 수 없다. 하지만 사정을 알고
내막과 가치를 알면 사랑할 수 있다. 사랑하면 된다

보험을 깊이 이해하고 껍질을 깨고 나오는 아픔을 경험해야 한다
그러면 사랑할 수 있다
결론적으로 몸-맘 불일치의 보험人은 롱런할 수 없고
갈등양상 구조가 지속될수록 병에 시달리게 된다
철학자 칸트는 '너 거짓말 해 봐', 이것이 도덕의 기초라고 했다

우리는 선택해야 한다
보험의 진리를 깨우쳐 열정적인 보험人의 삶을 살 것인지
질병에 걸리고 일찍 사망하기 싫어서 그만두어야 할 것인지

쉽, 보험人의 관점!

보험人이 보는 세상은 일반인이 보는 세상과 다르다

보호받는 삶, 보호받지 못하는 삶
보호된 자유공간, 보호되지 못한 위험공간
수입원으로 부활한 가장, 수입원으로 사망한 가장
죽음조차 희망이 되는 죽음, 절망으로 가득한 죽음

일반인의 관점은... 사는 것은 좋지만 죽는 것은 나쁘다
오늘만 있고 내일이 없기에 해 뜨면 좋고 해 지면 나쁘다
몸이 죽으면 다 죽는다는 단편적인 3차원의 존재로 살아간다
보험人의 관점은... 사는 것도 좋고 죽는 것도 나쁘지 않다
내일이 있기에 해가 떠도 좋고 해가 져도 좋다
몸이 살아도 수입원으로 죽으면 죽은 것
몸은 죽어도 수입원(보험금)으로 살면 산 것
보험人은 종합적인 4차원의 시각으로 인생을 직관한다
생과 사를 초월한 삶은 이미 종교적 삶이다
종교人처럼 보험人도 죽음을 겁내지 않고 생명연장을 바라본다
우리의 생명이 한없이 넘치고 확대되는 것은
단순한 즐거움Pleasure가 아닌 최고의 기쁨Joy이다

이것을 주는 것이다. 이 기쁨을 주기 위해 높이 올라가야 한다
높이 올라가야 지인 가족의 삶을 직관直觀할 수 있다
마치 산 꼭대기로 올라가서 산세와 골짜기를 보는 것과 같고
군대 지휘관의 관점을 갖는 것이다
높은 곳에 올라간다는 것은 드높은 정신을 가진다는 것이다
그것이 Ship이고 그 Ship으로 직관을 던져야 한다
육.해.공 합동참모총장이 전군을 지휘하듯
보험人은 일반 병사인 금융인을 통솔하고 적군의 전략까지
분석하여 아우르는 종합적인 직관을 날려야 한다
지휘관이 지니는 것은 일반 병사가 가진 무기와 다르다
예를 들면 보험人이 라이프사이클을 기본으로 하듯
망원경, 지도, 나침반, 지휘봉 등 모두 직관을 위한 것
그러므로 보험人은

천문 기상을 바라보는 인생 천문학자
날씨를 종합적으로 예측하는 슈퍼 컴퓨터
우주 정거장에서 지상과 교신하는 상주常住 우주인
최고의 인생 비행시간을 자랑하는 현역 항공기 조종사
하늘에서 떨어지는 빨간 마후라, 인생 특전사 요원

예수, 석가, 공자, 소크라테스가 살아 있다
그 마음과 정신을 이어받은 분신으로 이 세상에 존재한다
사람의 실체實體인 마음과 정신이 다른 사람에게 심어지면

무한대로 퍼져 나가 세계를 지배한다

칼 마르크스의 육체가 세상을 지배한 것이 아니다. 사상이다
마음과 정신, 사상은 생명력이 있다

레오나르도다빈치, 피카소, 렘브란트는 미술작품으로
모짜르트, 헨델, 차이코프스키는 음악을 작곡함으로
셰익스피어, 톨스토이, 모파상, 박경리, 김동리는 소설로
사람들에게 자신의 존재를 계속 말하고 있는 것이다

인간은 신체가 죽어도 소멸되는 것이 아니다
수명이 짧은 동물들은 대신 놀라운 번식력을 가진다
하루 밖에 살지 못하는 하루살이가 왜 매일 나타나는가?
자식을 얻고 육체의 불멸을 느끼듯이 정신은 불멸하는 것
일제는 유관순 열사를, 안중근 의사를 죽였지만
정신은 죽지 않고 더 만발하여 독립운동을 진두지휘하였고
지금까지 이어져 민족정신으로 내려온다
마음과 정신을 남겨 한정된 생명을 연장해야 한다
마음과 정신을 남기는 수단은 이렇다

돈에 기록을 남기는 것이다
유언과 같은 글로 기록을 남기는 것이다
각종 책, 음악, 영화, 드라마 등 기록물을 남기는 것이다

자녀들의 기억과 추억으로 마음의 기록을 남기는 것이다

이 중 가장 직접적이고 현실적인 방법은 돈을 남기는 것
보험금이 바로 그 돈이다. 언젠가 이 세상을 떠나게 될 인간이
보험금이란 연결고리를 통해 이 세상과 소통하는 것
보험가치를 아는 자는 허무함과 우울증으로 고통받지 않는다
보험회사가 자살로 인한 보험금 지급을 우려하고 있다면
그것은 보험을 팔고도 사실상 보험을 팔지 않은 것이다
보험의 예방기능은 어떤 정신과 치료보다 강력하다

보험人, 大韓民國의 꽃!

한번 생겨난 마음과 정신은 사라지지 않고 넋이 되어
현재를 사는 사람의 마음에 들어가 또 다른 생을 살아간다
가족을 보호하는 정신, 즉 보험을 만들었던 과거의 마음도
사라지지 않고 마치 창업주가 자신의 후계자를 물색하듯
자신이 못다 이룬 이상을 실현시킬 후계자를 찾아 선택한다
그가 바로 보험人이고 보험人은 그 마음과 정신을 받은 자다
그 정신을 받은 보험人은 혼자가 아니다
과거의 마음Mind과 정신Spirit이 천사Angel가 되어 그를 지켜 주고
성공을 돕는다. 그에게 돈이 모이는 것은 그들의 분신Avatar이 되어
소중한 인생의 시간을 헌신한 것에 대한 약소한 보상일 뿐이다

이순신 장군이 지금 태어났다면 어떤 일을 하고 계실까?
세종대왕이 지금 태어났다면 어떤 일을 하고 계실까?
김구 선생이, 유관순 열사가 지금 태어났다면... 어떤 직업일까?

그 마음과 정신이 보험人에게 들어가 나라를 바꾸고 있는 것이다
세종대왕이, 이순신 장군이, 김구 선생이 아직도 살아
후손을 지도하고 기른다. 보험정신이 되어!

김구 선생의 마음을 가진 보험人
이순신 장군의 마음을 가진 보험人
유관순 열사의 마음을 가진 보험人

보험의 마음은 이런 것이다
많은 사람이 현재만을 보며 친일파가 되었을 때에도
미래를 보고 국민을 계몽했던 선각자의 마음,
민족을 보호하려던 애국지사의 마음,
6.25전쟁이 일어나자 학도병이 되어 나라를 구한 마음이었다
그 마음이 전쟁 이후 경부고속도로를 깔고 사우디의 노동자가 되고
독재에 항거하던 애국 시민이 되고, 민주 시대가 되자
사회로부터 버림받은 장애인, 한센병 환자, 고아와 과부, 홀로된
노인을 돌보는 '사회복지가' 가 된 것이다
이제는 일제 시대도 아니고 전쟁은 끝났으며 경제는 성장했다
물리적인 독립운동 시대는 끝났지만
아직 각 가정의 경제적 독립과 노후 독립은 끝나지 않았다
그 일을 보험人이 맡았다. 경제독립 없이 진정한 독립은 없다
보험人은 독립운동가의 마음을 받은 애국지사이고 독립운동가이며
나라를 살리려는 마음의 전통을 이어받은 숭고한 직업人이다

나라가 발전하려면 기반시설이 필요하다
기반시설을 건설하려면 도로, 항만, 공항 등 인프라를 갖춰야 한다
무엇이 문제인가? 돈이다

나라도 가정도 개인도 돈이 있어야 하고 그 돈은 모아져야 한다
공산주의가 아닌 민주주의 국가에서 강제로 갹출할 수 없다
그 일을 보험회사가, 보험人이 했다

國가적으로는 엄청난 외채, 개인적으로는 부동산 구입과
사교육비로 발생한 가계부도를 막기 위해
일제 시대 국채보상 운동을 벌인 것과 같이
보장의 마지노선을 깔고 장기 저축으로 해결해야 한다
이 일은 그 어떤 일과도 비교될 수 없는 것이다

나라의 꽃은 백성이다. 그 꽃을 꺾어 독립운동을 했다
가장은 가정의 꽃이다. 그 꽃을 꺾어 가족에게 주어야 한다
보험人은 재무설계의 꽃이다. 그 꽃을 꺾어 국민에게 주어야 한다
보험人이 꺾어서 지인의 마음에 심겨진 꽃들은 마치 한 사람이
가진 촛불이 사람과 사람에게 전달되듯 다시 자라나고
지인은 그 꽃을 다시 꺾어 다른 이들에게 옮긴다
그 꽃은 보험人 마음속에 곱게 간직한 Ship이다
그 꽃은 돈 욕심도 아니오 강도들이 품은 칼도 아니다
그 꽃의 향기가 나도록 가꾸고, 벌레가 먹지 않도록 물을 주고
지식과 지혜의 양분을 주므로 아름답게 피어나서
그 꽃향기가 대한민국을 뒤덮는 그날,
대한민국 사회가 더욱 안전해지고 강한 어머니의 나라에서
좋은 아버지의 나라로 바뀌며, 돈의 노예가 없는 나라, 노후가 편안한 나라,

소년소녀 가장의 눈물이 마르는 나라가 될 것이다
과거의 나라를 구한 마음이 이젠 보험인이 되어
선진사회의 기반을 만드는 것이다

사람의 마음은 일종의 그릇이고 보험인의 마음도 그릇이다
이 그릇에 어떤 마음을 담느냐가 사람의 정체성을 가름한다
과거로부터 이미 존재하는 숭고한 마음과 접속하기 위해
소小를 탐하여 대大를 잃는 소탐대실의 마음을 버리고Abandon,
대大를 취하기Take 위해 소小를 버리는 대탐소실의 마음으로
마음밭을 갈아엎는 결단으로 진정한 보험인이 되겠다고 결심하라
버려야 얻을 수 있다. 기존의 스킬을 버리는 그 순간,
당신의 마음은 과거의 숭고한 마음과 만나 순식간에
증폭되고 행동화되어 가장에게 보호하는 마음을 줄 수 있는 것이다

보험인은 대한민국의 대표적인 선한 이웃이다
선한 이웃은 선한 마음을 가진 자, 소명의식을 깨달은 자다
소명의식이란 Calling, 하나님의 선택에 의한 부르심
보험을 잘 팔기 위해서 Ship이 필요한 것이 아니라
군인이 군인 정신으로 충만할 때 군인다워지듯
보험인이 보험인다워져야 시대적 소임을 다할 수 있기 때문이다
재테크 광풍이 불어도 위험 관리와 저축을 말할 수 있어야 하고
현실에 안주하는 국민을 미래로 인도할 수 있어야 한다
이 일이 국가적으로 얼마나 소중한 일인가

'얼 차려'와 '기합氣合' 이란 말이 있다
보험人이 얼을 차리고 기氣를 모으고 어른(얼은)이 되면 대한민국에게 좋은 일이다. 대한민국이 행복해진다

가!

고민에 쌓인 재무설계사가 멘토를 찾아왔다
"시장에 문제가 있는 것 같아요
도대체 계약이 나오지 않아요. 어떻게 하면 좋죠?"

"그동안 관리하는 지인은 몇 명이나 되나요?" _ 멘토
"한 300명 쯤 됩니다" _ 고민설계사

"그럼 그분들이...
이 순간 가장이 죽었다. 얼마가 나오죠?
이 순간 암에 걸렸다, 입원했다. 얼마나 나오죠?
지금 지인이 65세가 되었습니다
내가 설계한 연금으로 지인은 얼마가 나오죠?" _ 멘토

"그....... 건... 잘... 모르겠는데요" _ 고민설계사

대답을 하던 고민 설계사는 뭔가를 깨달은 듯한 표정을 짓고
이를 확인한 멘토의 단 한마디!
.... 가!

| Epilogue |

애국가가 울리면 포항제철의 용광로가 보이고
조선소 근로자들의 모습이 보입니다
남산의 소나무도, 전국 도시의 찬란한 야경도 보입니다
이 멋진 나라가 있기까지 세계 8위의 보험대국을 만든
대한민국 보험인의 역할은 위대한 것입니다
이제 우리는 또 한 번 IMF위기가 닥쳐 와도, 명퇴서가 날라 와도,
자녀들이 유학 가겠다고 해도, 재테크 시장이 무너져도,
수입이 끊길 어떠한 상황이 닥쳐도, 눈 하나 깜짝하지 않을
대한민국을 만들어야 합니다
지인들에게 미래 일기예보를 좀 보여 줍시다
현재 기상은 양호하지만 저 멀리서 태풍이 보입니다

베이비붐 세대 1,600만 명의 노후 태풍
30~40대의 수입중단 태풍, 주택대출로 인한 가계부도 태풍
세계 최고의 저출산, 자살률 및 암사망 태풍

그런데도 현재의 일이 아니기에, 어쩔 수 없이
혹은 자포자기 상태로 피서계획을 짜고 있습니다
증폭되는 자살 본능을 생존 본능으로 바꿔야 합니다
대한민국 가정은 대출이자에 허덕이는 전노錢奴가 될 위기이고

한번 추락하면 영원한 가난의 대물림에 빠질 것입니다
인간이 받는 스트레스의 대부분은 돈 문제로 발생합니다
이 중 보험으로 해결할 수 있는 것이 대부분입니다
공산주의가 실패한 이상을 보험이 실현할 수 있습니다
보험人이 각성하면 죽음조차 희망이고, 장수도 축복이 됩니다
보험人 한 사람이 각성하여 매달 보장자산 10억 원을 선물하면

일 년에 120억 원, 10년이면 1,200억 원이 되고
100만 가정이면 1천조 원의 자산이 탄생하고
천만 가정이면 1경 원의 자산이 탄생합니다

누군가 1년에 1억 원씩 저축하면 저축왕王이 됩니다
이 저축왕王도 천억 원을 만들려면 천년이 걸립니다
보장자산은 이처럼 너무도 쉽고 빠르게 형성되는 자산입니다
생로병사에 포함되지 않는 국민은 한 사람도 없습니다
대통령도 노숙자도 다 빠져나갈 수 없습니다
빈곤 퇴치와 부의 재분배를 외치는 위정자들이 짧은 임기 중
몇 안 되는 업적을 가지고 송덕비를 세우고 훈장을 받습니다
그에 비해 성숙한 보험人은 소리 없이 세상을 바꿉니다
그들이 하는 일의 가치는 잘 알려지지 않았습니다

누가 보험을 들어준다고 합니까?
당신의 문제인데... 보험만이 해결책인데...

보험이 없었다면 로또 밖에 없는데 말입니다
먼저 보험을 대하는 지인들의 태도부터 뜯어고치고
보험을 보험답게 바라보게 해야 합니다
보험보다 자신의 인생과 가정의 문제부터 보게 해야 합니다
왜곡된 보험인식과 가입문화를 바꿔야 합니다
지금 고치지 않으면 보험을 해결책으로 받아들이지 않습니다
그렇게 되면 나라가 바뀌지 않습니다
보험人은 사실상 혁명가이고 사회의 천사입니다
기쁜 노래를 부르는 국민가수이고 라이프 코치입니다

김구 선생님, 위대한 분입니다. 그 옆에 서십시오
유관순 열사, 위대한 분입니다. 그 옆에 서십시오
민족 대표 33인, 위대한 분들입니다. 그 옆에 서십시오

누가 알아주지 않아도, 자신의 존재가치를 깨달아야 합니다
보험은 단순한 금융업도 경제학도 아닙니다
보험을 깊이 들여다보면 사회 문제와 깊숙이 관련되어 있고
최저보장의 국민연금, 건강보험이 못하는 일을 다 해줍니다
고객들이 당신의 수수료를 다시는 언급하지 못할 만큼
보험의 마음을 지닌 수준 있고 성숙한 보험人이 되면 됩니다
성숙한 人間이란 힘을 가진 人間입니다
아는 것이 힘이요 깨닫는 것이 힘입니다
마음속의 잡초와 조화를 뽑고 생명의 꽃을 선물해야 합니다

그러기 위해 물에 빠졌을 때 나무를 붙잡아야 하듯
보험人은 보험의 Ship을 꼭 붙잡고 있어야 합니다

보험人이 경제적 3.1민족선언을 해야 합니다
보험人이 경제적 유관순 열사가 되고
보험人이 경제적 안중근 의사가 되어야 합니다
대출을 상환할 현대판 국채보상 운동도 시작해야 합니다

보험人이 역할을 제대로 해주면 나라를 구할 수 있습니다
그것을 누가 하나요? 보험人인 당신이 맡은 것입니다
세월이 가고 사정이 생기면 대한민국 국민 중 다른 분이
당신의 역할을 대신하게 될 것입니다.
현재는 당신이 국민을 대표해서 헌신해야 합니다

얼마의 보장자산을 선물할 것인지
몇 가정을 구출할 것인지
몇 사람의 노후를 행복하게 할 것인지만 생각하십시오

그러기 위해 오늘 결심합시다
대한민국 각 가정이 더욱 안전해지도록
보험일을 하는 동안 변함없이 보험人으로 남아 있겠다고!
더 보험人다워지겠다고, 아니 보험 그 자체가 되겠다고!

고맙습니다.
그리고 감사합니다
기꺼이 이 일을 맡아 주셔서...

한 걸음 한 걸음

하루하루 힘에 겨워도, 내 걷는 길이 좁고 험해도
내가 생각했던 것보다 많은 눈물이 흘러도
멈추지 않아요. 나의 꿈은

지금 비록 가진 게 없고, 이 낮은 곳에 서 있다 해도
해가 뜨기 전 그 하늘이 가장 어두운 법이죠
내 꿈도 그렇게 시작하고 있죠

날 지켜봐요, 이뤄 낼 거예요
훗날 내 모습 후회하지 않게 어제보다 좋은 오늘을 위하여
한 걸음 한 걸음 당당히 세상을 이길 거예요

사람들의 차가운 시선에 결코 나의 꿈은 바뀌지 않죠
잔이 넘치는 건 마지막 한 방울 그 전엔 모르죠
내 꿈도 조용히 채워지고 있죠

좀 더디다고 걱정 말아요. 소중한 걸 쉽게 가질 순 없죠
타는 가슴과 긴 목마름 끝에 단비가 내리듯 귀한 거죠
난 기도해요. 그리고 믿어요. 내 발걸음은 멈추지 않아요
아무리 아파도 아무리 멀어도 세상은 날 붙잡지 못하죠
한 걸음씩 또 한 걸음 내 꿈을 위하여

_ song by 송 정 미

나의 '보험人' 사명선언

보험人이 된 날

20___년 __월__일

이날의 마음을 잊지 않겠습니다

보험人 _____

새로 태어난 보험人_____ 에게

김송기 Academy

First step

Life cycle & Storytelling
인생의 LC와 스토리보드별 니즈 파악
Consultant의 Mission과 보험문화 Shift

Second step

Long term age plan
장수입장권(The WAY to long term age) 패러다임
4가지 장수입장권 분석 및 완벽한 은퇴플랜

Third step

Family care plan
가장면허증(피보험이익)과 생애 재무설계의 컨셉
경제적 '始祖'개념과 가문을 富의 名家로 만들기

Forth step

Marketing strategy & Process
고객마음의 소속변경 패러다임과 평생고객으로 care하기